轨道交通建造关键技术研究丛书

复杂环境下富水软弱地层地铁联络线施工关键技术

张书起　胡德华　段志宏　周建伟　著

中国铁道出版社

2018年·北京

内 容 简 介

本书依托中国电建集团深圳地铁7号线BT项目5号线和7号线的联络线工程，采用资料调研、理论分析、数值模拟结合现场监测等手段，系统研究了富水软弱地层水平旋喷桩加固技术、联络线隧道施工对地表建筑的影响、爆破对既有建(构)筑物的影响、交叉口施工力学、既有建筑地基合理加固深度、监测、截桩施工受力体系转换分析等，形成了复杂环境下富水软弱地层地铁联络线隧道施工关键技术系统性成果，并成功应用于深圳地铁5号线和7号线的联络线工程，创造了一定的社会与经济效益，且具有一定的推广应用价值。

本书为城市轨道交通土建工程专业书籍，可作为从事轨道交通工程施工、设计、监理和建设管理技术人员的指导用书和继续教育用书，也可作为高校教师和研究生的参考用书。

图书在版编目(CIP)数据

复杂环境下富水软弱地层地铁联络线施工关键技术/张书起等著.—北京:中国铁道出版社,2018.6
(轨道交通建造关键技术研究丛书)
ISBN 978-7-113-24517-7

Ⅰ.①复… Ⅱ.①张… Ⅲ.①地下铁道-软土地基-工程施工 Ⅳ.①U231

中国版本图书馆CIP数据核字(2018)第102644号

书　　名： 轨道交通建造关键技术研究丛书
复杂环境下富水软弱地层地铁联络线施工关键技术
作　　者： 张书起　胡德华　段志宏　周建伟

策　　划： 傅希刚
责任编辑： 陈小刚　　**编辑部电话：** 010-51873193
封面设计： 郑春鹏
责任校对： 焦桂荣
责任印制： 高春晓

出版发行： 中国铁道出版社（100054，北京市西城区右安门西街8号）
网　　址： http://www.tdpress.com
印　　刷： 中国铁道出版社印刷厂
版　　次： 2018年6月第1版　2018年6月第1次印刷
开　　本： 880 mm×1 230 mm　1/32　印张：5.875　字数：154千
书　　号： ISBN 978-7-113-24517-7
定　　价： 26.00元

作者简介

张书起，男，1974年7月出生，中共党员，籍贯山东省陵县，高级工程师。现任中国电建市政建设集团有限公司轨道工程公司董事长，主要从事地铁工程、铁路工程、水利工程、公路工程等项目技术和管理，先后参建南水北调、京沪高铁、深圳地铁7号线、深圳地铁5号线、深圳地铁4号线等重大项目建设中任项目经理、指挥长，先后多次被评为全国电力建设优秀项目经理。发表论文多篇，获多项工法、专利和电建集团科技进步奖。

胡德华，男，1967年3月出生，河南信阳人，汉族，中共党员，南京建筑工程学院测量工程专业学士，高级工程师。现任中电建南方建设投资有限公司副总经理、深圳市建筑业协会重大项目评审专家。自1993年7月参加工作以来，先后参加或主持了北京地铁、湖北秭归吕家坪公路隧道、深圳地铁1号线、深圳地铁4号线、深圳水库污水截排隧道、深圳湖贝路地下通道、深港西部通道、深圳地铁2号线、深圳地铁5号线、湖北恩施许家坪隧道、深圳地铁7号线、深圳地铁4号线三期、深圳地铁5号线南延线、深圳地铁9号线支线、深圳地铁10号线等工程的建设，对隧道及地下工程施工技术有深入的研究，取得了许多研究成果。获得各级科学技术奖11项，获得专利28项，出版专著3部，发表论文11篇，获得中国电建铁路建设有限公司2015、2017年度优秀科技先进个人称号。

段志宏，男，1977年10月出生，中共党员，籍贯湖南省茶陵县，高级工程师。现任中国电建市政建设集团有限公司轨道工程公司总工程师，主要从事地铁工程、铁路工程等项目技术和管理工作，先后在深圳地铁 4 号线 1 期、深圳地铁 2 号线、合肥地铁 2 号线、深圳地铁 7 号线、深圳地铁 5 号线、深圳地铁 4 号线三期等重大项目建设中任技术员、工程部部长、总工程师。截至目前，发表论文 6 篇，获多项工法、专利和电建集团科技进步奖。

周建伟，男，1964 年 11 月出生，四川资中人，汉族，中共党员，武汉测绘科技大学毕业，高级工程师。现任中国电建铁路公司南方公司工程部副主任。自 1983 年 7 月参加工作以来，先后参与了四川铜街子水电站、河南小浪底水电站、云南糯扎渡水电站、四川锦屏二级水电站、三峡水电站、京沪高铁二标段、深圳地铁 7 号线等工程建设工作，对水电站大型施工测量控制网和高速铁路高精度控制网的布设、平差技术有深入的研究和见解，对地铁复杂地质的施工技术和监测技术有独特见解，成功解决了多项施工技术难题。针对工程实践经验，参编《复杂环境条件下地铁土建施工技术创新与实践》专著 1 部，发表学术论文 8 余篇，参与的科技项目获得行业协会、集团公司等各级科技进步奖 6 项，获得专利 2 项，获“深圳地铁 7 号线建设功臣”等 8 余项荣誉称号。

前　言

近几十年来，随着我国经济建设的快速发展，城市轨道交通建设也迎来一个发展的高峰，在未来很长时间里中国将建设更多的地铁隧道。地铁联络线作为两条地铁线路的连接通道，便于地铁车辆的运营和调配，兼具改善隧道内通风、排水等作用。随着地铁线路建设的增加，联络线数量也将增多。在城市轨道交通建设过程中往往会遇到富水软弱地层以及周边环境复杂等情况，若施工不慎，往往会引起地层沉降量大以及邻近建筑设施变形甚至破坏等情况。

中国电建集团深圳地铁7号线BT项目5号线和7号线的联络线全长452.197 m，隧道埋深11～17 m，主要穿越粉质黏土，全、强、中、微风化花岗片麻岩，围岩级别为Ⅲ～Ⅴ级。联络线采用矿山法施工，台阶法、台阶法（预留核心土）以及CRD法多种工法以及套拱断面、E型断面、B型断面等多种断面形式。

隧道所处地段商业繁华，高楼林立，人、车流量较大，联络线隧道正下穿壮丽商厦、西丽幼儿园和留仙宾馆三栋建筑物，并近距离侧穿5号线西丽站风道。联络线线路平面由半径为200 m和半径为150 m的两条小半径曲线组成，隧道从5号线预留口处9.356‰、32‰、6‰三个上坡接入7号线区间隧道。

环境条件下多工法多种断面施工难度大、风险高，特别是下穿西丽幼儿园冻结法施工变成水平旋喷桩加固后矿山法施工，在套拱断面截桩条件下确保既有建筑物的安全控制难度大。因此，依托中国电建集团深圳地铁 7 号线 BT 项目 5 号线和 7 号线的联络线工程，开展复杂环境下富水软弱地层地铁联络线施工关键技术的研究具有重要意义。

本书采用资料调研、理论分析、数值模拟结合现场监测等手段，对富水软弱地层水平旋喷桩加固技术、联络线隧道施工对地表建筑的影响、爆破对既有建(构)筑物的影响、交叉口施工力学、既有建筑地基合理加固深度、监测、截桩施工受力体系转换分析等进行了系统的研究，形成了复杂环境下富水软弱地层地铁联络线隧道施工关键技术系统性成果，成功应用于深圳地铁 5 号线和 7 号线的联络线工程，创造了一定的社会与经济效益，且具有一定的推广应用价值。

本书第 1 章、第 5 章和结论由张书起撰写，第 4 章由胡德华撰写，第 2 章、第 3 章由段志宏撰写，第 6 章～第 8 章由周建伟撰写，全书由段志宏统稿。

本书在撰写过程中，参阅了许多专家学者发表的论文，在此向他们表示真诚的谢意！

本书在整理过程中，得到了李围的帮助。中国铁道出版社的傅希刚、陈小刚等编辑对本书的修改和完善提出了大量宝贵意见和建议。在此向他们一并表示感谢！

由于时间仓促，加之作者水平有限，书中如有不妥之处，恳请同行专家及读者给予批评和指正。

作　者

2018 年 5 月

出版说明

截至2017年,我国城市轨道交通开通运营线路总长度达3 862 km(118条),开通城市29个,其中步入网络化运营的城市共有13个,客运量达176.8亿乘次,全国共有9个城市网络日均进站量超过100万人次,共有运营员工20.8万人,平均每公里线路54人。

我国城市轨道交通占公共交通比例还很小(见表1),与国际化大都市差距大,轨道交通发展潜力还很大。例如,尽管上海运营里程突破了680 km,为世界上轨道交通运营里程最多的城市,但其轨道交通占公共交通比例仅刚过50%,其中多条线路已经超负荷运营,上下班时间拥挤不堪。而深圳已经完成了三期建设运营,轨道交通仅占公共交通的三分之一还不到。

表1　世界各国大都市轨道交通占公共交通的比例

东京	伦敦	巴黎	莫斯科	上海	北京	深圳
86%	70%	70%	55%	54.6%	45%	32%

当前,我国轨道交通还处于高速发展期,特别是由于我国幅员辽阔,各区域地质差异较大,导致地铁的施工难易也不相同,因此,需要解决不同城市地质环境条件下地铁施工技术问题。

我国城市地质条件主要有:以上海、杭州等为代表的深厚软土层,以西安为代表的黄土地层,以成都为代表的砂卵石和漂石地层，以深圳、广州为代表的不同风化花岗岩组成的混合地层，以重庆、青岛为代表的岩石地层，以贵阳为代表的岩溶地层。其中，深圳混合地层主要为第四系全新统人工堆积层、海积层、海冲积层、冲洪积层、洪积层、上统更新坡积层、残积层震旦系混合岩和花岗片麻岩、震旦系混合岩和花岗片麻、燕山期花岗岩和加里东期混合花岗岩，地下水位位于地面以下 0.7～12.1 m。混合地层地铁施工难度最大，其主要地质问题如下：

1. 车站

范围内岩面高，基岩侵入车站范围内最大厚度达 14 m，地下连续墙入岩最大深度为 17.5 m，强度最高达 132 MPa，大倾角陡坡硬岩(45°)分布广泛。基坑控制爆破困难，成槽困难。

2. 盾构区间隧道

穿越地段基岩面起伏大、变化剧烈，硬岩、上软下硬、富水砂层、孤石、掘进中存在盾构机姿态难以控制、坍塌、涌水，地面沉降难以控制从而造成地面建筑物开裂损坏、盾构机易被卡住等。

3. 矿山法区间隧道

位于全强风化花岗岩中，顶部主要为砂质黏性土、素填土、中砂、粗砂等富水软土层，施工失水极易引起隧道变形、地面塌方等风险。再加上在深圳主城区修建地铁地上地下环境条件复杂，例如三期重大工程 7 号线穿越深圳主城区，全线正下穿既有建筑物 20 余栋，5 次下穿河流和湖泊，1 次上穿高速铁路，2 次下穿既有铁路，4 次下穿已运营地铁线，8 次下穿(或侧穿)既有桥梁，在华强北商圈核心地段与 7 号线同步实施华强北地下空间工程。

本套丛书结合我国目前正在大力修建的城市地铁重大工程，及时总结施工中研究形成的新技术并出版，为同城后期地铁工程的建设提供技术支撑和其他城市类似工程提供技术参考有其重要意义。

因此，中国铁道出版社与地铁建设相关单位合作，出版《轨道交通建造关键技术研究丛书》，期待为我国地铁工程新技术的进步贡献一份力量。

丛书策划：李围、傅希刚

2018年1月1日

目　　录

第1章　绪　　论

1.1 引　　言

中国电建集团深圳地铁7号线BT项目5号线和7号线的联络线全长452.197 m,位于留仙大道和沙河西路十字路口西南象限,北接5号线留西区间,南接7号线西茶区间,是5号线与7号线重要的联络通道。

隧道所处地段商业繁华,高楼林立,人、车流量较大,联络线隧道正下穿壮丽商厦、西丽幼儿园和留仙宾馆三栋建筑物,并近距离侧穿5号线西丽站风道,联络线与既有建筑物的关系见表1.1-1和图1.1-1。联络线线路平面由半径为200 m和半径为150 m的两条小半径曲线组成,隧道从5号线预留口处9.356‰、32‰、6‰三个上坡接入7号线区间隧道。道路两侧存在密集的电力、电信、雨水、上水、污水、燃气、路灯等地下管线管道,地下管线管道走向与道路平行,局部斜交。

表1.1-1　隧道与建筑物关系统计表

序号	建(构)筑物	与线路关系	层数	结构类型	基础类型及尺寸	基底与隧道净距/隧道埋深
1	壮丽商厦	正下穿其西南部	4～5层	框架	浅基础(独立柱基)	约16 m
2	西丽幼儿园	正下穿	2～4层	框架	ϕ480沉管灌注桩,桩顶6 m为配筋段,单桩承载力特征值为550 kN	桩基侵入隧道约3～5 m

续上表

序号	建(构)筑物	与线路关系	层数	结构类型	基础类型及尺寸	基底与隧道净距/隧道埋深
3	留仙宾馆	正下穿其东北角	4层	框架	浅基础(独立柱基)	约12 m
4	留仙苑12栋	结构外皮水平净距17.7 m	8层	框架	基础不明	埋深约12 m
5	西丽街道办	结构外皮水平净距22 m	7层	框架	基础不明	埋深约16 m

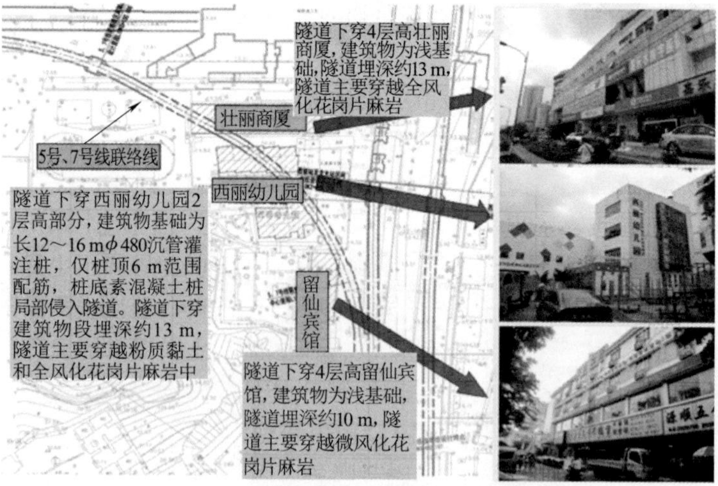

图1.1-1　联络线与既有建筑物的关系

5号线和7号线的联络线隧道所在地区为冲洪积平原地貌，地形平坦，隧道埋深11～17 m，隧道主要穿越粉质黏土，全、强、中、微风化花岗片麻岩。隧道采用矿山法施工，包括台阶法、台阶法（预留核心土）以及 CRD 法，套拱断面（图 1.1－2）、E 型断面（图 1.1－3）、B 型断面等多种断面形式，见表 1.1－2。为保证隧道下穿建筑物段安全，局部采用冻结法加固。

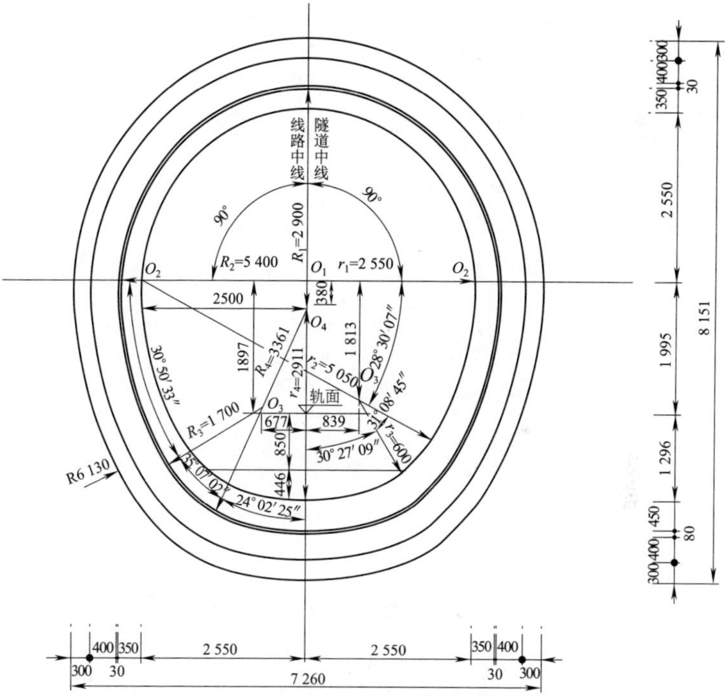

图 1.1－2 套拱衬砌断面图（单位：mm）

环境条件下多工法多断面施工难度大、风险高，特别是下穿西丽幼儿园冻结法施工变成水平旋喷桩加固后矿山法施工，在套拱断面截桩条件下确保既有建筑物的安全控制难度大。因此，依托中国电建集团深圳地铁 7 号线 BT 项目 5 号线和 7 号线的联络线工程，开展复杂环境下富水软弱地层地铁联络线施工关键技术的研究具有重要意义。

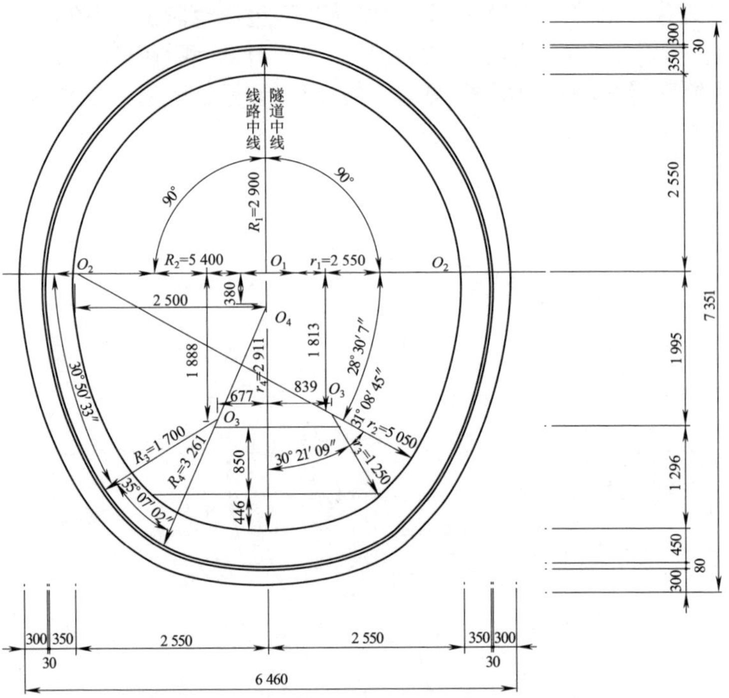

图 1.1－3　E 型矿山法衬砌断面图(单位:mm)

通过资料调研、理论分析、数值模拟、工艺试验等手段进行以下几个方面的研究:

(1)对富水软弱地层隧道施工中地层加固止水处理技术进行调研;

(2)对联络线隧道施工引起地表沉降及建筑变形情况进行研究,有针对性地调查分析联络线施工影响到的代表性房屋建筑,并对房屋建筑从基础形式和高度等进行分类,利用理论分析、数值模拟(静力和动力)以及现场监测等手段,分析隧道施工对不同建筑物的影响,并提出相应的控制措施;

(3)针对联络线与既有线路的交叉部位,对联络线与既有线路不同角度交叉的施工力学行为进行研究,并针对联络线与既有线路连接过渡段采用偏洞法施工过程中结构体系受力转换进行分析；

(4)对隧道下穿群桩截桩过程中结构体系受力转换以及联络线矿山法施工现场监测技术进行研究，保证联络线施工安全通过复杂困难地段。

表 1.1-2 5 号线和 7 号线的联络线隧道断面汇总表

断面形式 项目	套拱断面	E 型断面	E 型断面	B 型断面	人防断面	C 型断面
起止里程	LIDK0＋276～LIDK0＋241.9	LIDK0＋241.9～LIDK0＋203.9	LIDK0＋203.9～LIDK0＋180.9	LIDK0＋180.9～LIDK0＋152.95 LIDK0＋145.15～LIDK0＋080.9	LIDK0＋152.95～LIDK0＋145.15	LIDK0＋080.9～LIDK0＋070
施工方法	冻结法	台阶法	台阶法(留核心土)	台阶法(留核心土)	CRD 法	台阶法(留核心土)
支护形式	小导管＋型钢钢架	小导管＋型钢钢架	小导管＋格栅钢架	小导管＋格栅钢架	小导管＋格栅钢架	锚杆＋格栅钢架
备注	下穿西丽幼儿园	下穿壮丽商厦				

1.2 工程地质与水文地质

1.2.1 工程地质

5 号线和 7 号线的联络线所处地区地质构造主要表现为加里东期的区域动热变质作用和燕山期花岗岩岩浆侵入作用，花岗片麻岩在风化作用下形成残积层，上部主要为冲洪积的淤泥质黏土、淤泥质粉质黏土、黏性土层，地表为人工素填土。其地质纵断面如图 1.2 所示。主要地层岩性概述如下：

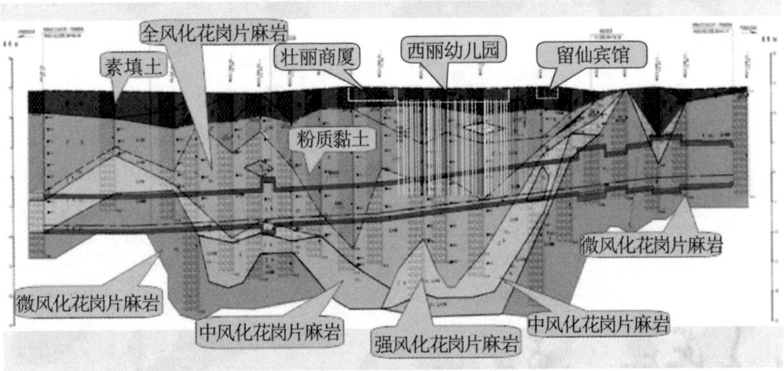

图 1.2　联络线地质纵断面图

第四系全新统人工堆积层（Q_4^{ml}）：

①$_1$ 素填土：黄褐、棕红、灰褐色，主要成分为黏性土，局部混砂砾，局部含碎石、块石，硬塑。层厚 0～5.2 m，在 LIDK0＋000～LIDK0＋442 段呈层状连续分布，层底高程为 9.08～8.84 m。

①$_2$ 素填土：褐红色，主要成分为砂砾，稍湿，稍密。层厚 0～0.7 m，在 LIDK0＋445～LIDK0＋462.1 段呈透镜体分布，层底高程为 13.65 m。

①$_3$ 素填土：黄褐、灰白色，主要成分以混合花岗岩碎石为主，混少量黏性土及生活垃圾，压实，稍湿。在 LIDK0＋125～LIDK0＋150 段呈透镜体分布。层厚 0～3.3 m，层底高程为 10.14 m，层底埋深为 3.30 m。

第四系全新统冲洪积层（Q_4^{al+pl}）：

④$_2$ 淤泥质黏土：灰褐色，流塑，含少量有机质，有腥臭味。层厚 0～2.0 m，在 LIDK0＋275～LIDK0＋300 段呈透镜体分布。层顶高程为 8.64 m，层底埋深为 6.40 m。

④$_5$ 粉质黏土：黄褐，褐黄，灰白，灰黑，浅灰，灰色，软塑～硬塑，

局部混砂，局部含淤泥，具中～高压缩性。层厚0～6.5 m，在LIDK0+213～LIDK0+355段呈层状连续分布。层顶高程为6.64～11.57 m，层顶埋深为3.00～8.40 m。实测标准贯入击数为3～18击，平均7.6击，修正击数为2.5～16.2击，平均6.7击。

⑦$_5$ 粉质黏土：褐黄、褐灰、灰白、褐红、灰褐色，可塑～硬塑，具中～高压缩性。层厚1.5～23.6 m，在LIDK0+000～LIDK0+335段呈层状连续分布。层顶高程为5.07～11.15 m，层顶埋深为3.30～9.90 m。实测标准贯入击数为8～38击，平均25.5击，修正击数为6.9～28.7击，平均20.0击。

震旦系花岗片麻岩(Z)：

⑪$_1$ 全风化花岗片麻岩：岩体呈土状、砂土状，普遍分布。最大揭示厚度为16.40 m，层顶高程为－12.47～12.42 m，层顶埋深为2.20～27.00 m。实测标准贯入击数为38～70击，平均52.1击，修正击数为30.5～49.0击，平均38.4击。

⑪$_2$ 强风化花岗片麻岩：岩体呈砂土状、半岩半土状，局部呈砂土状、夹块状、碎块状，碎块手可掰断。最大揭示厚度为9.50 m，层顶高程为－13.46～9.32 m，层顶埋深为5.30～28.50 m。实测标准贯入击数为75～89击，平均79.7击，修正击数为52.5～78.3击，平均61.1击。

⑪$_3$ 中等风化花岗片麻岩：岩体呈碎块～块状，节理裂隙发育，普遍分布。最大揭示厚度为5.40 m，层顶高程为－20.433～8.58 m，层顶埋深为6.00～35.00 m。本场地中等风化花岗片麻岩的饱和单轴抗压强度范围值为46.2 MPa，为较硬岩，破碎，岩体基本质量等级为Ⅳ级。

⑪$_4$ 微风化花岗片麻岩：岩体呈块状、巨块状，节理裂隙较发育，普遍分布。最大揭示厚度为19.00 m，层顶高程为－13.16～14.67 m，层顶埋深为0～26.60 m。本场地微风化花岗片麻岩的饱和单轴抗压强度范围值为51.5～123.6 MPa，平均值为71.3 MPa，为坚硬岩，较破碎，岩体基本质量等级为Ⅲ级。

其岩土参数见表1.2。

表 1.2 岩土参数表

地层	成因年代	岩土名称	天然含水量 w (%)	天然密度 γ(kN/m³)	土粒比重 G_s	天然孔隙比 e_0	饱和度 S_r (%)	液限 w_L (%)	塑性 w_P (%)	塑性指数 I_p	液性指数 I_L	内摩擦角 (°)	黏聚力 (kPa)	承载力 f_{ak} (kPa)	渗透系数 k (m/d)	泊松比 μ	垂直基床系数 K_v (MPa/m)	水平基床系数 K_h (MPa/m)
①₁	Q_4^{ml}	素填土														0.3	10.0	15
①₂	Q_4^{ml}	素填土														3	10.0	15
①₃	Q_4^{ml}	素填土														80	15.0	25
①₄	Q_4^{ml}	素填土														200	20.0	30
④₂	Q_4^{al+pl}	淤泥质黏土		16.8										3.5	6.0	0.001	5.00	10
④₅	Q_4^{al+pl}	粉质黏土	26.7	19.1	2.67	0.774	90.8	33.6	20.6	13.0	0.46	0.438	4.24	15.9	22.2	0.01	20.0	30
⑦₅	Q^{el}	粉质黏土	29.3	18.0	2.67	0.972	93.1	41.4	29.4	13.8	0.47	0.472	4.14	20.3	21.6	0.5	20.0	40
⑪₁	Z	全风化花岗岩	23.3	19.0	2.67	0.787	83.7	36.3	25.0	11.8	<0	0.351	5.04	23.4	24.1	1.0	40.0	60
⑪₂	Z	强风化花岗岩										0.130	13.0	30.0	15.0	3.0	80.0	120
⑪₃	Z	中风化花岗岩	—	—	—	—	—	—	—	—	—	—	—	—	—	5.0	100.0	200
⑪₄	Z	微风化花岗岩	—	—	—	—	—	—	—	—	—	—	—	—	—	0.1	500.0	1 000

1.2.2 水文地质

1. 区域水文

大沙河从本站东侧相距约 250～400 m 位置由北向南流过，大沙河流程短，汇流时间快，形成洪水暴涨暴落的特点。根据现场调查及邻近工点水上钻孔揭露情况来看，大沙河河床及其两侧铺设有水泥混凝土，地下水与河水一般不存在互补关系。

2. 地下水的类型、赋存、径流排泄及与地表水的关系

深圳市的气候属亚热带季风气候，热量丰富，日照时间长，雨量充沛。气候和降雨量随冬、夏季风的转换而变化。每年 5～9 月为雨季。本场地地下水按赋存条件主要为孔隙水和基岩裂隙水。孔隙水主要赋存于残积粉质黏土、全风化岩中，基岩裂隙水赋存于强风化及中等风化岩中。初步勘察期间稳定地下水位埋深为1.50～7.80 m，水位高程为 6.41～12.85 m，水位变幅为 0.50～2.00 m。地下水总的径流方向为由北向南。地下水的排泄途径主要是蒸发和以径流方式流入河水。补给来源主要为大气降水、河水及地表水的渗透。

3. 各岩土层的富水性及渗透系数

根据室内试验结果，《深圳地区地基处理技术规范》(SJG 04—96)和《深圳地区建筑深基坑支护技术规范》(SJG 05—96)，在参照地区经验的基础上给出。勘察时在 MGZ3-TWQ-05 孔内进行了单孔抽水试验，抽水试验段主要为残积粉质黏土层，试验结果测得渗透系数为 0.003 m/d，具微透水性。由于地层的渗透性差异，砂层及基岩中的水略具承压性，基岩裂隙发育，孔隙水与裂隙水局部具连通性。岩石富水性和透水性与节理裂隙发育情况关系紧密，节理裂隙发育的不均匀性导致其富水性和透水性也不均匀。

4. 地下水的腐蚀性

经取水样进行室内水质简分析，按环境类型为Ⅰ类，按地层渗透性为 B 类判定，地下水对混凝土结构具微腐蚀性，对钢筋混凝土结构中钢筋具微腐蚀性。

1.3 富水软弱地层隧道开挖研究现状

1.3.1 富水软弱地层中隧道施工技术研究

西南交通大学关宝树等通过研究表明：隧道工程所穿越地层地质条件、水文地质条件以及施工过程选取的支护参数和施工工序等方面对隧道施工过程中围岩-支护结构稳定性有重要影响。隧道整个开挖施工过程中围岩应力、应变等在时间和空间上具有不可逆转性，不同的掘进方法会产生不同的结构受力形式和围岩变形，这对于破碎围岩隧道尤为明显。因此，穿过特定地层的隧道能否顺利地施工关键在于是否选择了一个合适的开挖方法。

针对富水地层中隧道的施工首先应选择恰当的地层加固与止水方法，在这方面国内外进行了大量的研究。近年来工程界针对富水隧道采用何种防排水型式进行了多方面的试验研究，对于富水隧道修建过程中水治理的方法和原则有了新的认识和理念，总结出“以堵为主、限量排放，堵排结合”的治理原则，即：先通过注浆的方式对隧道前方一定范围内围岩进行注浆加固，切断地下水流向隧道的通道，但受工艺及不可避免裂缝影响，仍由一部分水会渗透到衬砌背后，若不及时排放，日积月累仍会对衬砌产生很大水压力；此时通过衬砌背后布设排水系统将渗入衬砌背后的水通过隧道内侧排水沟排走，从而减小作用在衬砌背后的地下水压力，由于是适量排放，采用这一原则并不会破坏原有的地下水系统。目前，这种方法在多个富水隧道中均得到较好的应用。

在实际应用方面，陈成宗根据大瑶山隧道九号断层地质构造、岩体结构、水文地质状况等方面全面阐述了除利用超前平行导坑、掌子面钻孔进行排水降压外，并施作管棚，于洞周进行超前半封闭浅孔预注装堵水加固围岩等超前支护技术；张松针对关山隧道富水破碎地段提出采用正台阶顶留核心土法，利用超前管棚、超前注浆小导管均是加固富水破碎围岩，并采用控制爆破与非钻爆开挖的手段以尽量减少对围岩的扰动，得到了满意的施工效果；黄石勇对宁武高速公路（宁德段）西山角隧道、紫云一号隧道、紫云二号隧道（单洞长 8 495 m）隧道中穿越 3 个断层时采取的先拱后墙法、马口跳槽开挖法等，针对 1 处涌水处理方案施工范例，总结了采用注装法的具体过程；栗晋华通过注浆来改良软弱破碎岩体、封堵地下水及侵蚀性离子，是当前长大隧道施工中解决地下水、断层等不良地质最被广泛应用的技术之一。

1.3.2 隧道开挖对地层变形的影响

目前对隧道施工地层变形的研究主要集中在地表移动和变形的机理、影响因素、地表移动和变形计算等方面。

地表移动可以分为地表沉降和水平位移[1]两个部分。地表变形主要指不均匀地表沉降和不均匀水平位移所形成的地表倾斜和水平变形，以及地表的曲率变形。一方面，隧道施工中，实际开挖的岩土体体积与竣工隧道体积之间存在差值，形成了地层损失，隧道周围土体在弥补地层损失中，发生移动，引起地表沉降。另一方面，在含水地层中进行隧道施工时，可能引起周围土体内部孔隙水压力的变化，使地层发生排水固结引起地表沉降。地表移动和变形的大小不仅与隧道的埋深、断面尺寸、施工方法、支护方式有关，而且受地层条件的影响。

在隧道施工引起的地表移动和变形中，地表沉降的大小和分布最受关注。对于隧道施工引起的地表沉降问题的研究，最早起源于对煤矿等矿山巷道上方地表沉降现象的分析。对于这种沉降现象的分析步骤如下：首先对地表沉降槽的形状进行观察，然后将沉降槽的曲线形态以数学形式加以表现，最后逐步对地表沉降分布、最大沉降量等进行理论和经验上的推断。根据煤矿地区巷道开挖地表下沉的实测结果，Martos[2]提出隧道开挖所引起的地表沉降槽可由误差函数近似表示。

1969 年，在大量隧道开挖施工引起地表沉降的实测资料的基础上，Peck[3]系统地提出了地层损失的概念和估算隧道开挖地表下沉的实用方法，也即著名的 Peck 公式。此后，Peck 本人及其他不少学者和工程技术人员做了大量工作，使之成为目前应用最为广泛的预计隧道施工地表沉降的方法。Peck 认为，在不排水的情况下，隧道开挖所形成的沉降槽的体积应等于地层损失的体积。假定地层损失在整个隧道长度上均匀分布，隧道施工所产生的地表沉降横向分布近似为一正态分布曲线，由此，提出了如下地表沉降分布的预计公式：

$$S(x)=S_{\max}\cdot e^{-\frac{x^2}{2i^2}} \tag{1.3-1}$$

$$S_{\max}=\frac{V_i}{i\sqrt{2\pi}}\approx\frac{V_i}{2.5i} \tag{1.3-2}$$

$$i=\frac{Z}{\sqrt{2\pi}\tan(45°-\varphi/2)} \tag{1.3-3}$$

式中　$S(x)$——距离隧道中心轴线为 x 处的地表沉降值；
V_i——施工引起的隧道单位长度地层损失；
$S_{\max}$——隧道中心线处地表最大沉降量；
i——地表沉降槽宽度系数；
Z——地面至隧道中心深度；
φ——内摩擦角。

在公式(1.3-1)和公式(1.3-2)中，需要确定 V_i 和 i 两个参数，这些参数与隧道开挖深度、断面尺寸、地层条件以及施工条件紧密相关，Peak、Cording 等学者对参数的取值做了大量的研究[4]，并给出了经验取值。

英国是世界上最早修建地铁的国家，对地铁等城市隧道施工地表沉降问题研究较多。OReilly，New[5-6]等针对不同的地层，研究了不同施工方法引起的地表沉降；在大量实测资料的基础上，提出了实际沉降槽宽度、地层损失和地表沉降的预计公式；根据单孔隧道地表沉降结果，按照叠加原理，得出了开挖双孔隧道引起的地表沉降计算公式。Attewell 等还通过假定横向地表沉降为一正态分布形式，纵向分布为二次抛物线形态，得出了隧道施工引起的三维地表运动公式。Kimura 和 Mair[7]等还通过离心模型试验对伦敦几种地层中隧道施工所产生的地表沉降预计参数进行了探讨。按照体积不变的假定,可以得到地表水平位移的计算公式。土体固结引起的地表沉降问题的研究也进行了许多,并且进行了长期的实测。这些预计公式经过大量的实测结果验证,在地表移动和变形预计中获得了广泛应用,取得了较好的效果。

日本在软土地层中进行隧道建设的经验比较丰富,许多学者对隧道施工所引起的地表沉降问题非常关注,进行了深入的研究。Fujita[8]提出了盾构隧道地表沉降预计方法。在软土地层条件下,软土的固结沉降占有相当大的比重。藤田[9]进行了软土地层中不同盾构施工方法对地层的影响研究。

我国对隧道施工所引起的沉降问题也进行了大量的研究,同济大学自 20 世纪 70 年代起,便开始了隧道施工地表沉降的实测和理论研究工作。在现场实测结果分析和理论研究的基础上,对 Peck 公式进行了修正,提出了考虑土体受到扰动后固结沉降的地表沉降计算公式[10]。在上述研究中,对隧道开挖后地表沉降槽的形状,采用一定的曲线形式表示,并根据地表沉降实测结果或已有资料,确定曲线的特征参数。

波兰学者 J. Litwiniszyn[11]出了随机介质理论,该理论把岩土体视为一种随机介质,将开挖岩土体引起的地表下沉视为随机过程。开挖 $d\xi d\zeta d\eta$ 微元体,所产生的线沉降和隧道开挖地层横截面沉降分别为:

$$S_e(x,y,z)=\frac{1}{r^2(z)}\exp\left[-\frac{\pi}{r^2(z)}x^2\right]d\xi d\zeta d\eta \qquad (1.3-4)$$

$$S_e(x,z)=\frac{1}{r(z)}\exp\left[-\frac{\pi}{r^2(z)}x^2\right]d\xi d\eta \qquad (1.3-5)$$

随机介质理论自提出以来,经过我国学者刘宝琛[12]等人的发展,其理论已逐步完善。由于常见的城市隧道一般距离地表不深,大都处于表土或风化岩层中,这些介质能被较好地视为随机介质,因而利用随机介质理论预计城市隧道施工所引起的地表移动和变形的方法也有实际的应用。

计算机的问世为数值分析提供了强有力的工具。因为地表沉降影响因素较多,任何简单实用的计算方法均无法反映众多因素的综合影响。而借助于计算机,可以较全面地考虑影响地表移动及变形的各主要因素,较为准确地预计隧道施工引起的地表移动及变形,并提出有效的控制地面沉降的方法。常用的预计地表位移和变形的数值分析方法主要是有限单元法。

采用有限单元法计算隧道施工引起的地表沉降时,将沉降视为力学过程,不仅能计算出地表的移动和变形,而且可以得到地层内部的应力与变形状况。根据地层条件,可以将地层假定为弹性、弹塑性或者黏弹塑性等不同类型的介质。

弹性介质有限元方法适用于地层和施工条件较好的情况。日本大阪地区曾采用弹性有限元法对隧道开挖施工引起的地面沉降进行了估算,取得了较为满意的效果;日本学者总结弹性有限元的计算结果,根据地表沉降实测资料加以修正,提出估算地表沉降的实用公式[13]。由于隧道施工过程中,周围土体受到较大扰动,采用弹性介质有限元方法常常使估算值偏小,因此通常需要将土体视为弹塑性介质进行非线性分析。目前已经开发出各种成熟的二维及三维线性与非线性有限元程序,能够考虑不同类型的土的本构关系和各种施工因素,在隧道施工引起的地表移动与变形的分析中获得应用。有限元法的结果强烈地依赖施工阶段的模拟、本构方程的选择以及土体参数的正确估计,同时实际操作时可能会缺乏现场和岩土勘测资料,因而有时也存在不可操作性和结果的不确定性。

在现场实测、理论分析的基础上,为了对隧道施工引起的地表变形特征、影响地表变形的因素等进行探讨,许多学者还通过模型试验方法对这一课题进行研究。这些模型试验方法主要有相似材料模型试验、离心模型试验等,这些方面也有很多成果。

1.3.3 隧道开挖对建筑物的影响

目前隧道开挖对建筑物的影响研究通常有两种主要方法:第一种是两阶段分析法,把隧道开挖对建筑物的影响分为两个阶段,第一阶段分析隧道开挖引起的地表移动及变形,第二阶段把地表的变形施加到建筑物上,分析建筑物的内力变化。此方法分析较为简便,但没有考虑结构梁效应对沉降槽的弱化作用,使得计算结果偏于保守。第二种是整体分析法,把隧道周围土体、建筑物基础以及上部结构视为一个整体,利用接触来考虑相互之间的连接问题,一般要通过有限元方法来计算。

Mroueh H、Jenck O[14-16]等分别采用了三维有限元法和有限差分法对盾构隧道施工及周边建筑进行了数值模拟,研究了建筑物自重和刚度对地表位移的影响,结果表明有建筑存在的区域,地表沉降有明显的变化。

在评价隧道对地表建筑物影响的研究中,Chungsik[17]介绍了一种预测隧道开挖引起的地表变形和评价开挖对邻近建筑物影响的系统 TURISK,并将其应用到韩国大邱地铁 2 号线中。

Richard[18]提出了碾压梁模型,分析了深部开挖引起地面三维框架结构的变形,并对建筑物的破坏作出评估,同时考虑了建筑物的类型不同以及梁、柱和门窗位置的不同。

我国学者在隧道开挖对建筑物的影响研究方面也做了大量的工作。施成华[19]等应用随机介质理论对桐油山连拱隧道浅埋段开挖施工引起的纵横向地表移动和变形进行分析,推导了复杂隧道开挖横断面的简化计算公式,根据中导洞开挖后的地表量测数据分析获得地表移动基本参数,然后采用比例法获取计算开挖隧道正洞时所需的地表移动参数,最后应用随机介质方法对隧道正洞开挖后的纵横向地表移动和变形分布进行了预测,并据此判断隧道开挖对地表住宅楼的影响和破坏程度。

杨海朋[20]运用 FLAC 3D 分析软件建立了浅埋隧道的数值计算

模型,研究不同因素对浅埋隧道性状和地表沉降的影响,重点研究了围岩性质、开挖和支护方法、开挖进尺、隧道上覆土厚度、开挖孔径和地层条件对围岩的影响,同时还研究了浅埋隧道和上部建筑物的相互作用,分析了偏移距、隧道埋深、上部建筑基础形式以及基础与隧道的位置关系等因素的影响,讨论了多种因素对隧道和上部建筑物相互作用的影响。

俞凯[21]进行了隧道开挖诱发的建筑物内力变化的动态跟踪,研究了偏移距 S 和埋深 H 两个参数变化所造成的建筑物的内力变化,结果表明,建筑物和基础的存在对地表变形会产生影响,表现为约束水平位移,影响沉降槽曲线;隧道开挖所造成的差异沉降会影响建筑物的内力,面向隧道侧和背向隧道侧变化不同;隧道中心与结构中心的偏移距 S 及埋深 H 的变化对建筑物的内力变化有重要影响,但影响程度有所不同,并且弯矩和剪力的响应也不同。

郭军等[22]探讨了偏移距、隧道埋深等施工因素对邻近建筑物的影响,认为基础的差异沉降和倾斜随偏移距的增加经历由小到大再由大到小的转变;而随隧道埋深的增加,基础差异沉降和倾斜均减小。

刘海燕[23]以隧道上部已有的独立基础框架结构作为研究对象,以理论分析、模型试验、数值模拟为研究手段,对隧道开挖所引起的相关问题进行研究:对地层扰动机理进行分析,计算了框架结构在不均匀沉降下的附加内力,将地基-基础-上部结构的共同作用理论运用到隧道开挖对建筑结构影响的分析中,提出隧道-地基-上部结构的共同作用问题;进行隧道开挖对地面建筑结构影响的模型试验,得出了地层沉降槽曲线、地层沉降随时间的变化曲线、上部结构因隧道开挖所引起的附加应变状况;利用 ANSYS 软件建立二维力学模型,分析了建筑物在隧道开挖条件下的损害形式,并提出地层及建筑物的保护措施。在结构的不利位置处,附加内力可能超过结构的极限承载力,充分表明了隧道开挖对建筑物的影响是不可忽略的。

滕红军[24]在满足施工与建筑物安全的前提下,围绕隧道开挖对周围环境影响问题进行研究，重点包括隧道开挖对地层造成的沉降以及在沉降作用对上部建筑物的影响、建筑物的安全风险分析流程，并对施工阶段的风险控制措施进行了探讨。

1.3.4 爆破振动对邻近建筑物的影响

在隧道采用矿山法施工时，炸药爆炸所释放的能量有一部分会转化为地震波，地震波在传播过程中引起介质的振动，并传至地表，在一定程度上会对邻近建筑物产生影响，严重时还会危害建筑物的安全。

我国学者在爆破地震波对周边建筑物的影响领域开展了一些研究，取得了如下主要成果：

赵以贤[25]应用有限元方法分析了在爆炸载荷作用下地下拱形结构的应力场。谭忠盛等[26]在分析复线隧道施工爆破对既有隧道的影响因素的基础上，论述了采用有限元法分析爆破振动效应的原理及方法，并结合株六铁路复线关寨隧道的施工爆破进行实例分析，得出各振动参数时间历程。结果表明，数值法能较全面地反映爆破振动全过程的变化规律。

刘国华等[27]基于爆破动力分析和加权双剪强度准则，提出了邻近爆破安全评估和爆破方案优选方法。由于隧道的形状、岩性及其初始应力状态的不同，结构不同部位的动态响应有较大的差别，应分别评价其危险性。借助爆破荷载作用下隧道的动力分析，不仅可以得到隧道的动态响应历程和频谱特征，而且为动静应力场联合分析和安全性判断提供了依据。工程实例应用表明，根据上述理论和分析方法所制定的控制爆破方案能够取得良好的效果。

毕继红等[28]运用有限元的基本理论，采用 ANSYS 软件对既有隧道受邻近隧道爆破振动影响进行研究，分别就不同围岩类型、不同隧道间距情况下既有隧道的振动进行了分析。结果表明：既有隧道迎爆面边墙的振速最大；围岩越稳固，振速越小；当间距小于 1 倍的隧道直径时，隧道衬砌的振速会超过允许值；围岩的振速与至爆源距离的关系是非线性的。

彭道富等[29]根据实测资料，运用统计回归方法，进行近距离爆破对隧道周边振动场分布影响的分析，得出结论：最大振动速度出现在隧道迎爆侧的墙壁和拱部，墙脚点振动速度较小，背爆侧振动相对较轻；爆源越近，迎爆侧与背爆侧振动反差越大。比例距离越大，隧道周边的振动峰值速度分布越趋于均匀；爆破夹制作用越大，邻近隧道产生的爆破振动越大；岩体越坚硬完整，振动峰值衰减越慢。提出增加起爆段别，减小单段爆炸药量，增加空孔，改善临空面，减小夹制作用等降低爆破振动的措施。

刘世波[30]等结合铁路施工中的爆破振动监测，提出：隧道、路基爆破施工环境越来越复杂，爆区附近居民对爆破振动等危害的反应越发强烈，在相同条件下隧道爆破振动比路基大。

陈泽观等[31]采用 IDTS3850 爆破振动记录仪进行现场监测，利用速度-频率判据对房屋安全性进行判断；同时对经验公式进行回归分析，得出适宜该场地爆破地震波传播公式，以便在实际中根据房屋保护要求，给出石方爆破的允许段药量。

付士根等[32]分析了爆破振动地震效应原理，指出了爆破振动速度是导致建(构)筑物结构破坏的一个重要物理量，它可使建筑物的正常工作受到影响。同时研究了如何合理确定爆破地震质点振动速度，使预报更为准确，以及论述了控制爆破振动强度、减小振动效应的措施。

综上所述，关于隧道施工对地表建筑物的影响，国内外许多专家学者和工程技术人员做了大量研究，取得了相应的研究成果，但由于问题的复杂性，目前研究尚存在以下问题：

隧道施工与地层、基础及上部结构之间存在复杂的动态联系，目前对其机理认识尚不够深入，不能满足工程上定量化的控制需求。

在隧道暗挖法施工过程中，常通过控制地表及建筑物的沉降来确保地表建筑物的安全。但不同结构形式、不同高度的建筑物对隧道施工造成的地表移动和变形的响应是不同的，关于这方面的研究目前报道很少。

对于浅埋大跨隧道，通常使用部分断面开挖，不同施工步序对地表的移动和变形以及建筑物的变形有着不同的影响，这方面研究较少。

如何确定合理的各类监测项目控制标准是一个尚未妥善解决的问题。一方面，很多工程中采用的控制指标值是由专家根据经验规定，可能缺乏理论依据；另一方面，对于监控项目，在工程施工中除了要控制其总量不能超过控制标准外，还需关注其变化速率。

第2章 富水软弱地层水平旋喷桩加固技术

2.1 水平旋喷桩加固原理及适用范围

2.1.1 水平旋喷桩加固原理

水平旋喷超前支护作为隧道超前支护的一种方法,其使用对于消除施工前期的土体变形起到了积极的控制作用。一般研究认为,水平旋喷桩加固机理与管棚预支护结构相似,即在隧道纵轴方向上可视为梁,在横向上可视为拱,且梁、拱主要承受压力。由水平旋喷桩形成拱棚结构的支撑作用,从而使周围土体得到加固,提高其抗渗性能,限制了围岩应力的释放,保证了隧道工作面的稳定。

在施工控制效果上,水平旋喷超前支护的作用主要表现为以下几个方面:

(1)防塌方:由于水平旋喷固结体的作用,减小了工作面上覆的土压力,稳定了围岩,从而避免了土体塌方,即便有一定程度沉降的产生,也不会发生灾难性事故;

(2)阻断沉降作用:由水平旋喷固结体的超前预支护作用,可有效抑制地面和拱顶沉降;

(3)均匀沉降曲线:由于水平旋喷固结体的承托作用,使得沉降槽沉降集中的程度大幅度减小,沉降总量在减小的同时有向两端均匀分布的趋势;

(4)提高土层物理参数,增大地层自稳能力:实际施工中,水平旋喷桩相互搭接,且固结体浆液向周围土体渗透,使得水平旋喷固结体与其周围的土体成为一个整体,从而极大地增强了土层的自稳能力。

由于水平旋喷超前支护的以上作用,在隧道穿越施工中,如隧道穿越重要建筑物、重要管线等得到广泛应用。

2.1.2　水平旋喷桩加固适用范围

水平旋喷技术是由高压喷射注浆技术发展而来，因此，在地层适应范围上，与高压喷射注浆基本类似，不仅如此，水平旋喷技术适应范围还受水平旋喷所采用的喷射方式（单管、双管、多重管等）影响，可适用于处理淤泥、淤泥质土、流塑、软塑或可塑黏性土、粉土、砂土、黄土、素填土和碎石土等地层。对于含大粒径块石、大量植物有机质以及地下水流速过大和已涌水的场地，应根据现场适应结果确定其适用性。

水平旋喷工法在施工时旋喷的压力较大，可以填补土体内存在的空洞，旋喷后所成桩体之间能相互咬合，刚度较大，能有效减小隧道周围土体的位移，在土体中形成很厚的重力式半刚半柔性的主动支护挡土、止水结构体系。该结构体系属于主动制约的稳定机制，可起到超前支护抗滑移、抗隆起、抗压、抗剪等作用，通过土体中多层补强、加固效应，从而达到土体稳定的目的。

旋喷拱棚、钢管棚和预切槽都被列为先进的预支护技术。它们各有优缺点，钢管棚强度高，但耗钢量大，在富水地层还会从管间缝隙漏水。预切槽拱厚均匀，但长度有限，在极软含水地层中槽孔不易保持。旋喷拱既有一定强度又能防止渗漏，在极软地层中可以有效控制上方土体变形。日本已在铁路、公路、水工隧道及地铁施工中推广 RJFP 工法，取得良好效果。欧美等国在隧道施工中也把水平旋喷作为基本技术方案加以应用。在我国，管棚应用比较成功，预切槽也已立项研究、试验，水平旋喷技术开展及研究、施工运用方面尚刚刚起步，因此水平旋喷隧道预支护技术在我国有着广泛的应用前景。

2.2　水平旋喷桩加固隧道软弱地层实例

2.2.1　深圳地铁大剧院—科学馆区间隧道

深圳地铁大剧院—科学馆区间位于深圳市主要干道—深南大道

的正下方，分为左右两条单线隧道，其单线长度为 1 144.7 m，整体埋深为 10～19 m，两条单线之间的距离为 13.2～17.2 m。其中在 SK3＋210～SK3＋315 段通过不良地质条件，隧道上覆土层为素填土、粉质黏土、砾砂层、砾质黏性土层、流塑状黏性土等，流塑状黏性土侵入隧道断面厚度为 3～6 m，该地段土体自稳能力极差，土层中局部存在囊体，囊体内充填水和泥砂混合物，在隧道开挖过程中会发生毫无征兆的喷发，泥砂俱下，导致土体失稳，引起险情发生。

通过室内模拟试验、现场试验、理论分析以及专家意见，最终确定了在大剧院—科学馆区间流塑状黏性土地段采用"周边单层咬合水平旋喷桩加固为主，特别困难地段双层以小导管注浆为辅，掌子面采用间隔水平旋喷桩"的超前预加固方案。

采用 SIR-2000 型地质雷达(美国 GSSI 公司)、掌子面素描和洛阳铲相结合的方法，对开挖面前方地质进行超前预报。根据超前地质预报结果，结合地层界线确定周边水平旋喷桩预加固范围。一般情况下拱部 150°范围，对于流塑状黏性土侵入隧道下部的加固范围适当调整至 180°～270°之间。掌子面加固范围为开挖面上台阶核心土及弧形导洞内缘，详见图 2.2－1 和图 2.2－2。

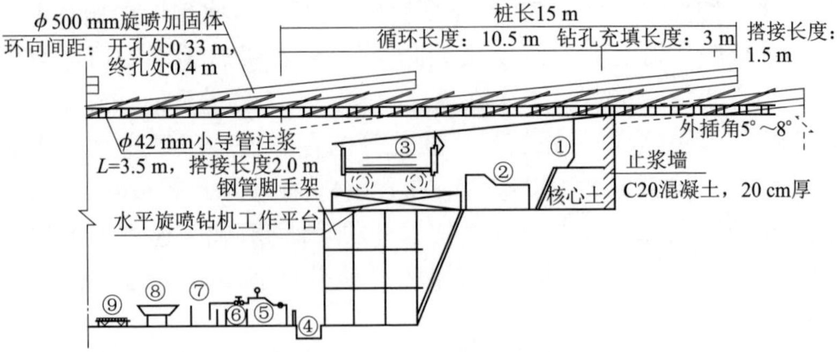

图 2.2－1　水平旋喷桩加固纵断面

注：①导向架；②水平旋喷钻机液压操作系统；③水平旋喷钻机：日本产 FS-A-300 型；④废浆池；⑤高压泵：湖南衡阳产 BWT120，30 型；⑥清水桶；⑦贮浆桶(双层滤网)；⑧拌浆机；⑨存放水泥的平台

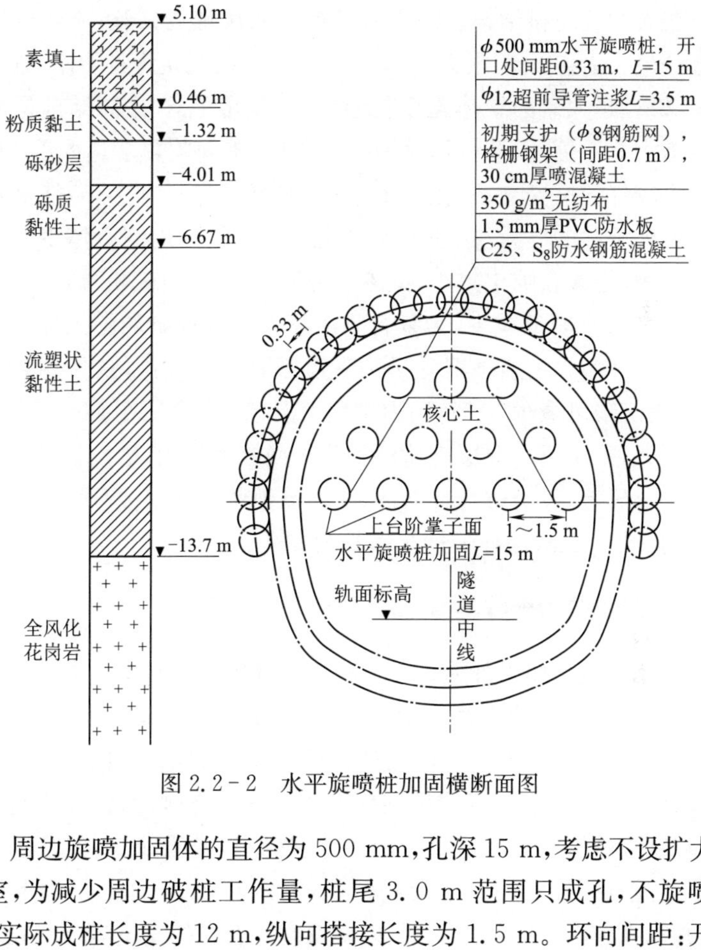

图 2.2-2　水平旋喷桩加固横断面图

周边旋喷加固体的直径为 500 mm，孔深 15 m，考虑不设扩大工作室，为减少周边破桩工作量，桩尾 3.0 m 范围只成孔，不旋喷成桩，实际成桩长度为 12 m，纵向搭接长度为 1.5 m。环向间距：开孔处 0.33 m，终孔处 0.4 m。外插角为 5°～8°（视地质及线路坡度调整），相邻加固体咬合厚度大于 10 cm，施工一循环旋喷桩，开挖初期支护进尺 10.5 m。周边小导管注浆间距为 0.33～0.4 m，l=3.5 m，纵向搭接不小于 2.0 m。设置在相邻旋喷桩加固的咬合处，浆液采用 CS 双液浆，水灰比为 0.8∶1，体积比 1∶1，水玻璃波美度 15～20°Bé。

在大剧院—科学馆区间先后进行了四次现场试验，旋喷固结体的直径最小为 40 cm，最大可达 70 cm，平均值满足设计要求(地层越软弱，桩径越大)，固结体强度接近 C10 素混凝土，比固结前原状土强度增大 110 倍，固结体弹模提高 814 倍，桩间咬合率达 80%以上，形成了较好的拱壳支护，在开挖过程中(循环进尺 0.7 m)能够承受开挖线外土柱的压力，保证了掘进安全。固结体周围土体得到了挤压和加固，土体孔隙比减小，抗渗能力得到提高；旋喷桩预加固地段，初期支护渗水明显减少，为复合防水层及二次衬砌的施工提供了较好的外部环境。地表下沉和拱顶下沉得到有效控制，从量测数据分析，地表沉降可减少 51%，洞内拱顶下沉减少 54%，在 SK3+355 过煤气管处，采用周边双层旋喷桩和掌子面旋喷加固，增设临时仰拱和加密锁脚导管，及时进行背后注浆，在流塑状地层中控制煤气管下沉量仅为 26.9 mm，保证了过煤气管的安全。

2.2.2 草桥热力外线隧道

草桥热电厂热力外线暗挖隧道拱顶和侧墙水平旋喷加固工程位于北京市南二环，此段为重要的交通干线，交通流量大，人口密集。多数施工区段均位于南二环主路、辅路上，沿线路口或民房旁。考虑隧道开挖引起地表沉降或地层松动等因素的影响，为保证道路交通畅通及民房安全，若隧道要穿越主路、辅路以及沿线路口和民房旁。施工前就必须针对不同地段的情况，制定有效、合理的加固保护方案，并加强施工中的测量监测，以确保现有管线的安全运行和地面建筑设施及道路的安全使用。

以有代表性的加固段为例：隧道 7 点至隧道 8 点西侧小室上方为主路面，其覆土厚度约为 8.2 m，隧道断面初衬外墙宽 6.1 m，直墙高度为 2.25 m，拱高 2.125 m，其加固长度为 75 m，采用水平旋喷桩超前加固，如图 2.2-3 所示。

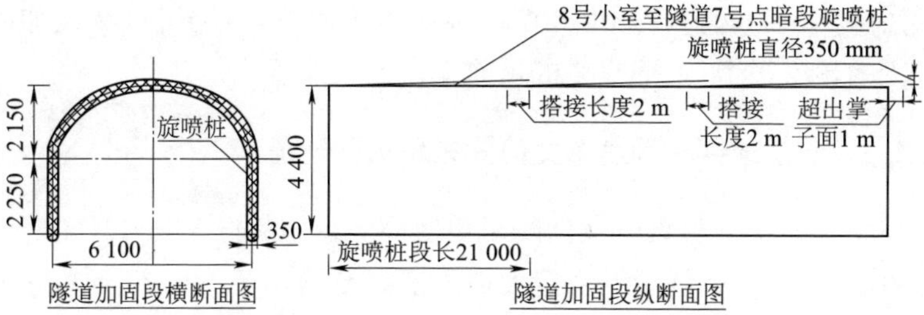

图 2.2-3　隧道水平旋喷桩超前加固纵断面和横断面图(单位:mm)

根据现场钻探、原位测试的结果,按地层的沉积年代及成因类型,将拟建管线沿线地表以下 14 m 深度范围内的地层划分为人工堆积层、新近沉积层及一般第四系沉积层。人工堆积层主要为黏质粉土、粉质黏土填土层,该层厚为 0.4～4.5 m,土层厚度变化较大,而且土质不均,工程性质较差;新近沉积层主要为粉砂～细砂层,层厚为 1.1～6.6 m;一般第四系沉积层主要为卵石,颗粒级配较好,中间被细纱充填。勘探时地下水位:于 2004 年 2 月中旬勘探期间,拟建管线沿线 14 m 深度范围内勘探均未见地下水。

对拱顶和侧墙采用旋喷桩超前加固的方法,其轴线沿隧道轴线前进方向与隧道初衬面成 1°～ 2°夹角(依据施工现场的情况确定),桩径为 350 mm,桩中心距为 300 mm。并依据施工现场实际情况确定桩长(桩长一般控制在 21 m 内),每 19 m 左右施工小段,此区段加固共分为三小段,每小段纵向搭接 2 m,水平桩互相咬合 50 mm,最终形成水泥土拱棚,最后一段超出隧道开挖面 1 m。由于隧道上方有地下管线和道路,为增强桩的抗剪强度及保证在隧道开挖期间的安全,施工完每根旋喷桩后,即时用钻机压入同长度的直径为 28 mm 的螺纹钢筋。桩位及偏差满足高压旋喷桩施工技术规范,按设计桩位施工旋喷桩,采用两步跳跃式钻孔旋喷,进钻时注浆压力为 3～5 MPa,退钻时压力为 15～20 MPa。分两次注浆,第一次注浆浆液水灰比控制为 0.3,第二次注浆控制在 0.5～1.0,具体可根据现场情况调整。旋喷桩施工完成后,等水泥固结体强度达到设计强度的

50%(48 h 后)再进行隧道开挖。根据施工实测数据分析,在该加固区段的预支护中,水平旋喷桩超前支护效果显著。

2.2.3　北京地铁 5 号线崇文门—东单区间隧道

北京地铁 5 号线崇文门—东单区间隧道施工段全长 621.03 m,隧道出崇文门站后,沿崇文门大街逐渐向东偏移至长安街,到达 5 号线东单站。区间隧道为双线隧道,左、右线相距 16.5 m。在地铁 5 号线 K7+35.79 处修建 5 号线与既有 1 号线的联络线。考虑到运营时,地铁 5 号线与既有 1 号线之间车辆互通,在区间的左右线间所设单边渡线,渡线、联络线正好与区间正线形成 3 个交叉口大断面,全部在密集民房下穿过。根据地质钻探资料显示,该地层顶部为粉土层,中上部为中粗砂层,含砾石,中下部为卵石圆砾层。隧道穿越的区域中有 3 层地下水,从上到下依次为:上层滞水、潜水及承压水。

区间隧道均位于崇文门内大街下方,右线上方东侧多为重要商业区及 1～3 层的密集民房,大部分为明清时期建筑,墙体都是浅基础夹心泥胚墙,而且年久失修。根据现场鉴定,现有施工范围内有 58 座民房,总面积约为 16 000 m^2,其中 52 座民房为危房,占总数的 90%,约 99%墙体均已出现不同程度的裂缝,其中最大的裂缝宽度达 15 cm。左线上方沿隧道纵向分布有污水管、上水管及雨水管 3 条管线,其中污水管距隧道顶部仅 1.4 m。危房和管线对地层沉降变形非常敏感,为保证上方民房和管线安全及正常运行,要求在开挖中将地表沉降控制在 15 mm 以内。

根据不同的地质条件,选择不同的超前加固方式,两条渡线分别采用旋喷桩和大管棚超前支护,旋喷桩超前加固长度为 312 m,大管棚加固段长度为 151 m。表 2.2 是两种不同超前加固方式工程效益对比情况。从表 2.2 中可以看出,水平旋喷桩加固方式在施工效率和经济效益方面均较高,值得进一步推广。

表 2.2　不同超前加固方式工程效益对比表

工程效益 / 加固方式	加固区段长度(m)	施工效率对比		经济效益对比	
		总施工时间(d)	每天进尺(m)	总造价(万元)	每米造价(万元)
水平旋喷桩	312	190	1.64	792.61	2.54
超前大管棚	151	102	1.48	479.77	3.18

2.2.4　兰渝铁路桃树坪隧道

桃树坪隧道位于新建兰州—重庆铁路 LYS-7 标段内，隧道起止里程为 DK3＋435～DK6＋655，全长 3 220 m，为单洞双线隧道。隧道穿过黄河高阶地下部，地形起伏大，相对高差达 200 m 以上，最小埋深 6 m，地表上沟谷发育，下切较深，隧道下穿多个垃圾回填的浅埋沟谷、青兰高速、312 国道、厂矿企业、密集的居民区。为加快施工进度，后期新增了 5 个施工斜井。隧道实际开挖掌子面地层为富水粉砂层，开挖后地层自稳性差，易涌泥涌水，初期支护变形大，多次产生坍塌，施工严重受阻。在 DK6＋462 时(进洞 183 m)进行水平旋喷桩超前支护和加固掌子面地层。

开挖进行了三方面的旋喷加固，即周边水平旋喷桩(ϕ600 mm，拱墙单排 400 mm 间距咬合布置)、掌子面玻璃纤维锚杆旋喷桩(1 500 mm×1 500 mm 梅花形布置)、大直径锁脚旋喷桩(ϕ600 mm，长 6 m)。水平旋喷桩开孔、加固纵断面如图 2.2－4 和图 2.2－5 所示。

水平旋喷桩纵向长度 18 m，开挖 15 m，预留 3 m 作为循环搭接。周边水平旋喷桩桩体之间紧密咬合形成完整的帷幕体系，充分保护开挖时对周边围岩土体的扰动，有效阻挡涌泥和流沙；掌子面玻纤锚杆旋喷桩设计为梅花形布置，主要目的是稳定掌子面正前方土体，防止土体向外流塌；锁脚旋喷桩代替了传统的锁脚锚杆，起到临时封闭成环的作用，使软岩隧道的“落底”工序变得比较安全。锁脚旋喷桩长度为 8 m，桩径 600 mm，斜向隧道两侧下方 30°～45°打设，每榀拱架之间左右拱脚处各一根。另外还进行了超前长导管降水和隧底垂直深井降水。

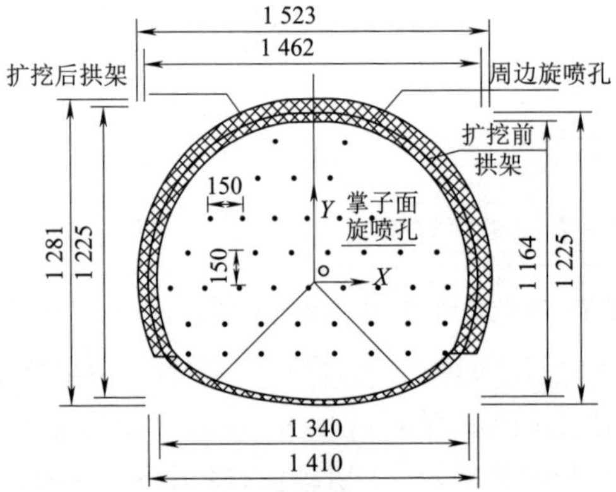

图 2.2-4　水平旋喷桩开孔横断面(单位:cm)

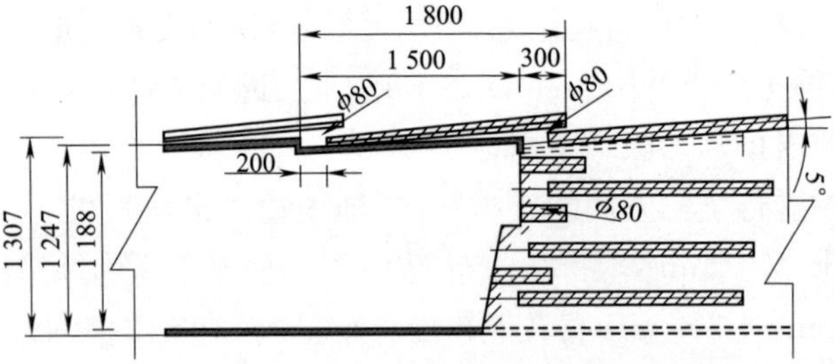

图 2.2-5　水平旋喷桩加固纵断面(单位:cm)

桃树坪隧道出口采用水平旋喷桩支护、掌子面加固、超前降水、隧底降水等技术措施后，实施了台阶法开挖。较其他工作面采用 CRD 法施工减少了内部支撑工序，加快了施工进度，拱顶沉降量仅为 2 cm(而 CRD 法施工时沉降量一般为 30 cm，部分地段沉降过大、侵限甚至坍塌)，施工安全性和质量得到大大改善。

2.3　联络线水平旋喷桩加固参数与设备

孔位布置方式根据工程性质确定，一般隧道预加固施工中，应根据现场地层情况、设备等因素来确定水平旋喷桩的直径大小，然后根据直径大小考虑孔位布置，桩间距设计应充分考虑搭接效果。一般设计桩径相互搭接不宜小于 50 mm，喷射管分段提升的搭接长度不得小于 200 mm。尤其在截水工程中尚需要采取可靠方案或措施保证相邻桩的搭接，防止截水失败。工程经验表明，在普通硅酸盐水泥浆中掺入 2%～4%的水玻璃，可显著提高固结体的抗渗性。

2.3.1　注浆量计算

根据计算所需的喷浆量和设计的水灰比，可确定水泥的使用数量。水泥浆液的水灰比视工程地质特点或实际工程要求确定，可取 0.8～1.5，常用 1.0。目前注浆量计算有体积法和喷量法两种，实际工程中应取其计算结果的较大值作为设计喷射注浆量。

1. 体积法

体积法可按下式进行注浆量的计算：

$$Q=\frac{\pi}{4}D^2Kh\alpha(1+\beta) \tag{2.3-1}$$

式中　Q——浆液用量(m^3)；

D——设计固结直径(m)；

K——填充率，0.75～0.9；

h——旋喷长度(m)；

α——折减系数，0.6～1.0；

β——损失系数，0.1～0.2。

2. 喷量法

喷量法适合于旋喷桩及喷射板墙注浆量的计算，以单位时间喷射的浆量和持续时间计算浆量，计算公式为：

$$Q=\frac{H}{v}q(1+\beta) \tag{2.3-2}$$

式中 Q——浆液用量(m^3)；

H——旋喷长度(m)；

v——提升速度(m/min)；

q——单位时间喷浆量(m^3/min)；

β——损失系数，0.1～0.2。

2.3.2 施工参数要求

(1)旋喷浆液材料：采用P·O 42.5R水泥，水灰比为1∶1；水泥用量为350 kg/m^3；注浆压力不小于35 MPa。

(2)钻孔及旋喷：按照“先两边、后中间”顺序进行旋喷施工，环向每次间隔1个，孔位从下到上，左、右交替进行，跳跃式成桩，保证两边强度平衡。钻机定位调整角度、方位，对准孔位，孔位误差控制在±50 mm以内。开孔时慢进，钻至1 m后，按正常速度钻至设计深度；当浆液从喷嘴喷出并达设计压力后开始旋喷，桩前端原地旋喷不少于30 s。采用复喷工艺，即退1次，进1次，再退1次，共计3次旋喷，以保证桩径和桩间咬合。桩前端旋喷时加大压力或降低喷嘴的旋转提升速度，当旋喷至孔口0.5 m时停止，并立即退出钻杆，进行封孔作业，必要时采取低压补注浆。

(3)水平旋喷桩检验标准：采用钻孔取芯的方法，每循环对不少于4%的帷幕桩体抽芯，对整体帷幕质量进行直观检测，取14 d桩体强度来验证帷幕效果，帷幕桩体芯样28 d抗压强度不小于4 MPa。

(4)水平旋喷桩需选择有专业资质的队伍施工。施工前须进行洞内水平旋喷桩试验，根据实际地层水平旋喷桩旋喷加固效果调整旋喷参数、浆液配比、水泥用量等，确保加固安全有效。

2.3.3 施工参数选择

1. 旋喷压力

喷射流的破坏力与射流速度的平方成正比，喷射注浆的压力愈大，射流流量及流速就愈大，喷射流的破坏力也就愈大，处理地基的效果就愈好。根据国内实际工程的应用实例，单管法、双管法的高压水泥浆和三管法高压水的压力原则上应大于 20 MPa。气流的压力以空气压缩机的最大压力为限，通常在 0.7 MPa 左右，低压水泥浆的灌注压力通常在 1.0～2.0 MPa 左右。

2. 喷嘴移动方式和速度

为提高固结体直径或强度，可采取重复喷射的方式。采用旋转提升喷射方式时，一般提升速度为 0.05～0.25 m/min，旋转速度可取 10～20 r/min。控制旋喷钻进及提升的速度可以有效控制施工流程，防止出现塌孔、堵孔、地面隆起等现象，同时可以控制固结体形态等。对需要局部扩大加固范围或提高强度的部位，可采用复喷措施。喷嘴的大小应为 2～3 mm，较为合适，喷嘴过大会造成喷射流速度减小，影响喷射流对土体的破坏作用，同时流量过大易塌孔；而喷嘴过小易造成喷射流雾化，难以达到破坏土体的作用，且易堵孔。

3. 固结体直径

高压射流切削土层的能力与以下因素有关：喷射流的流量与流速、喷嘴的口径、射流的密度、喷嘴的出口压力、喷嘴离对象（土层）的距离、对象的性状、喷嘴的移动速度以及侧向土压力。因此，要了解旋喷桩直径与施工参数的关系，一般是通过室内或现场试验，建立旋喷桩直径与各施工参数之间的关系，并得到有关计算经验公式：

(1)考虑水泥浆流量

$$L_m = \alpha_v K P^{\alpha} Q^{\beta} N^{\gamma} / v_n^{\delta} \tag{2.3-3}$$

式中　P——喷射压力(kPa)；

Q——喷射流体流量(L/min)；

N——循环次数；

v_n——喷嘴移动速率(m/s)；

L_m——成桩半径(m)；

K——土性系数；

α_v——水平旋喷成桩直径系数，$\alpha_v<1$；

$\alpha,\beta,\gamma,\delta$——回归常数。

(2)考虑土体强度

式(2.3-3)为考虑施工参数的经验公式，而实际上地基土层的状态也会影响到高压喷射流的切削效果。例如，地基强度大，切削效果差；地基强度弱，切削效果就好。

$$L_m=\frac{\alpha_h K\ (P_m)^a\ (d_o)^b N^c}{(q_u)^n\ (v_{tr})^m} \tag{2.3-4}$$

式中 L_m——切削距离，也等于成桩半径(cm)；

α_h——垂直旋喷桩成桩直径系数，$\alpha_h<1$；

K——土性系数；

q_u——土层的无侧限抗压强度(MPa)；

P_m——喷射压力(MPa)；

d_o——喷嘴内径(cm)；

N——循环次数；

v_{tr}——喷嘴移动速率(cm/min)；

a,b,c,n,m——回归常数。

喷射固结体直径的确定是一个相对复杂的过程，直径估算的合理性直接与工艺的适用性以及加固效果等直接相关。一般通过半经验的方法来判定，根据工程经验，旋喷桩设计直径可以参考表2.3-1选取；而对于大型或重要的工程应进行现场试验加以确定。

表2.3-1 旋喷桩的设计直径

土的类别		单管法	双重管法	三重管法
黏性土	$0<N<5$	0.5～0.8	0.8～1.2	1.2～1.8
	$6<N<10$	0.4～0.7	0.7～1.1	1.0～1.6
	$0<N<10$	0.6～1.0	1.0～1.4	1.5～2.0
砂土	$11<N<20$	0.5～0.9	0.9～1.3	1.2～1.8
	$21<N<30$	0.4～0.8	0.8～1.2	0.9～1.5

注：表中N为标准贯入实测锤击数。

4. 固结体强度

固结体强度综合取决于土的性质、喷射的材料以及水灰比等。对于大型或重要工程可通过室内试验确定；对于一般工程，若无试验资料可结合当地工程经验设定。一般 28 d 强度，黏性土中 3～5 MPa，粉土中 5～8 MPa，砂土中 8～20 MPa。28 d 后强度仍会继续增长，但这种强度的增长可作为安全储备。选用桩身强度时，可根据土层的均匀性等因素综合考虑，一般土层较均匀时选高值，不均匀土层、杂填土、有机质含量高的土层选低值。

注浆材料主要为：P · O 42. 5R 水泥，水灰比为 1∶1；水泥用量为 350 kg/m^3，实际使用水泥约 222 t，370 kg/m^3。旋喷桩施工主要技术参数见表 2. 3 - 2。

表 2. 3 - 2　旋喷桩施工主要技术参数表

项　　目		技术参数
压缩空气	气压(MPa)	0. 7
	气量(m^3/min)	0. 5～2. 0
水泥浆	压力(MPa)	20～22
	流量(L/min)	100
水灰比		1∶1
提升速度(cm/min)		24
旋转速度(r/min)		10

2. 3. 4　主要器械设备与材料配置

(1)钻机：根据高压水平旋喷施工方案要求，选择 200 型水平定向钻机。

(2)高压泵：XPB-90E 型高压泵，最大压力为 50 MPa，最大流量为 160 L/min，功率为 132 kW。

施工主要器械设备见表 2. 3 - 3。

表 2.3-3　施工主要器械设备配备表

序号	名称	型号规格	单位	数量	功率	用途
1	管棚钻机	HTG-200 型	台	2	250 kN	旋喷桩施工
2	高压泵	XPB-90E	台	2	50 MPa/90 kW	输送压力浆液
3	搅拌桶	2 m^3	个	6	7.5 kW	调制水泥浆
4	泥浆泵	BW-250	台	2	15 kW	循环液
5	钻杆	ϕ73 mm	m	100		成孔
6	喷头		个	10		
7	电焊机		台	2		

2.4　水平旋喷桩加固技术

水平旋喷桩加固施工工艺流程如图 2.4 所示，其具体步骤如下。

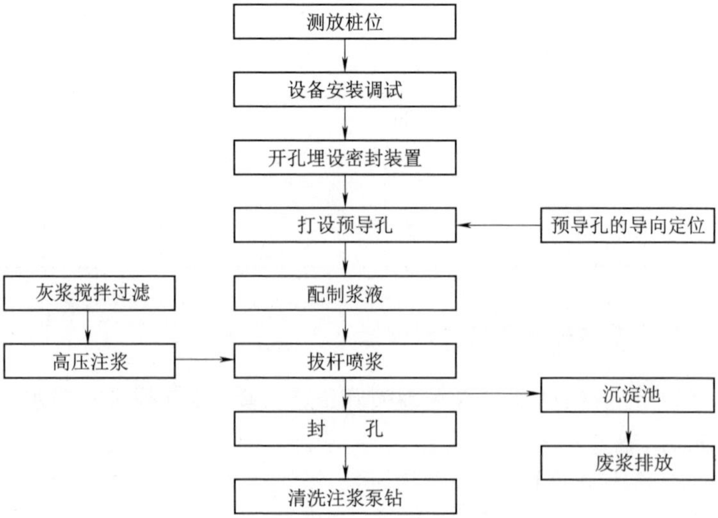

图 2.4　水平旋喷桩施工工艺流程图

1. 测放桩位

按照水平旋喷桩试验确定的方案测量放线定桩位，在隧道两侧测量放线定出两个同一里程点、隧道轴线，并在掌子面测量标出隧道开挖轮廓线，测量定出桩位，用钢筋作好桩位标志，并编好每个桩号。

2. 设备安装调试

设备安装调试应做到：平整工作平台，场地要求平整及硬化，同时挖设排水及废浆回收通道；铺设轨道，安装立柱，要求 H 型钢轨找平误差为≤3 mm；底盘对角线误差为±3 mm；斜拉筋需绷紧，交叉拉力基本相等；四柱对角误差为±5 mm；对孔位，设备安装好后，按技术交底调整钻机角度、方位，对准孔位，孔位误差控制在±50 mm以内；检查钻机、高压注浆泵运行是否正常，油路、电路是否完好通畅，是否符合安全要求；安装钻头，并检查探棒及喷嘴是否能正常工作。

3. 开孔埋设密封装置

孔口管施工，包括：开孔器开孔，退出钻具，准备安装孔口管，将钢筋与孔口管焊接牢固，加固孔口管，安装法兰盘和球阀等。

4. 打设预导孔

按要求打设预导孔。

5. 配置浆液

按试验的要求配置浆液。

6. 拔杆喷浆

进行高压喷浆前应检查高压注浆泵，查看泵压读数，在达到一定压力时，才可开始喷浆施工。进行喷浆前应检查，例如钻杆接头处是否漏气，如漏气，则应将钻杆退回，查出漏气位置重新密封，或更换钻具；喷嘴是否堵塞，喷嘴如堵塞，则应将钻杆全部退回进行疏通，疏通后重新下管到设计深度后再进行旋喷；在高压喷浆时，泵工应随时观察泵压变化，一旦发现泵压过低或过高时应及时停止喷浆，查明原因后再恢复高压喷浆；当钻进到设计深度时开始旋喷，为了保证端头旋喷质量，先旋喷半分钟后再开始后退，并应注意旋喷前后转速的调整;需卸管时动作要快,并要先停止回抽,旋转 5 圈停止送浆后再进行操作,卸管后要尽快将进管与前端连接,恢复给浆后先旋转 5 圈后再回抽;当钻杆拔至离孔口 0.5 m 处高压泵停止注浆,关闭浆液输送通道,再缓慢拔出钻杆,进行封孔作业;每根高压旋喷钻杆拔出后应立即用清水高压冲洗干净,避免残留浆液凝固,避免下次旋喷时残留颗粒物堵喷嘴。

7. 封孔

当喷浆至孔口掌子面 0.5 m 时,应停止喷浆;卸下孔口管最外端的密封装置,关闭循环液排出口;快速拔出钻杆和钻头,关闭大球阀;高压旋喷注浆完成后应在循环液排出口处安装压力表,然后用 250 泵补注浆,注浆压力控制在 0.8～1.0 MPa;补注浆完成 48 h 后方能卸下大球阀。

8. 清洗注浆泵钻

每根桩施工完毕后都应用清水高压冲洗管道及设备,确保管道内不留残渣,清洗完毕后移至下一桩位。

2.5 加固效果

按照水平旋喷桩＋全断面注浆试验段的要求,于 2014 年 6 月 15 日正式开始进行水平旋喷桩施工试验,至 2014 年 6 月 29 日施工结束,历时 15 天,共完成了 30 根水平旋喷桩的试验,同时完成 3 根水平旋喷桩的取芯工作。分别选择了掌子面 SY0(桩长13 m)、左 7(20 m)、右 8(20 m)计三根水平旋喷桩,进行检测,位置如图 2.5 - 1所示;抽芯率 3/31＝9.7%＞4%,2/30＝6.7%＞4%,所取芯样如图 2.5- 2、图 2.5 - 3 所示。

根据取芯检测结果,左 7 号芯样在全风化花岗岩层成桩效果较好,0～4.0 m 和 16～20 m 芯样较为破碎;右 8 号芯样在全风化花岗岩层成桩效果较好,0～6.0 m 和 17～20 m 芯样较为破碎;SY0 号芯样在全风化花岗岩层成桩效果较好,0～4.0 m 局部芯样破碎。强度为 6.8～9 MPa,平均强度为 7.4 MPa。

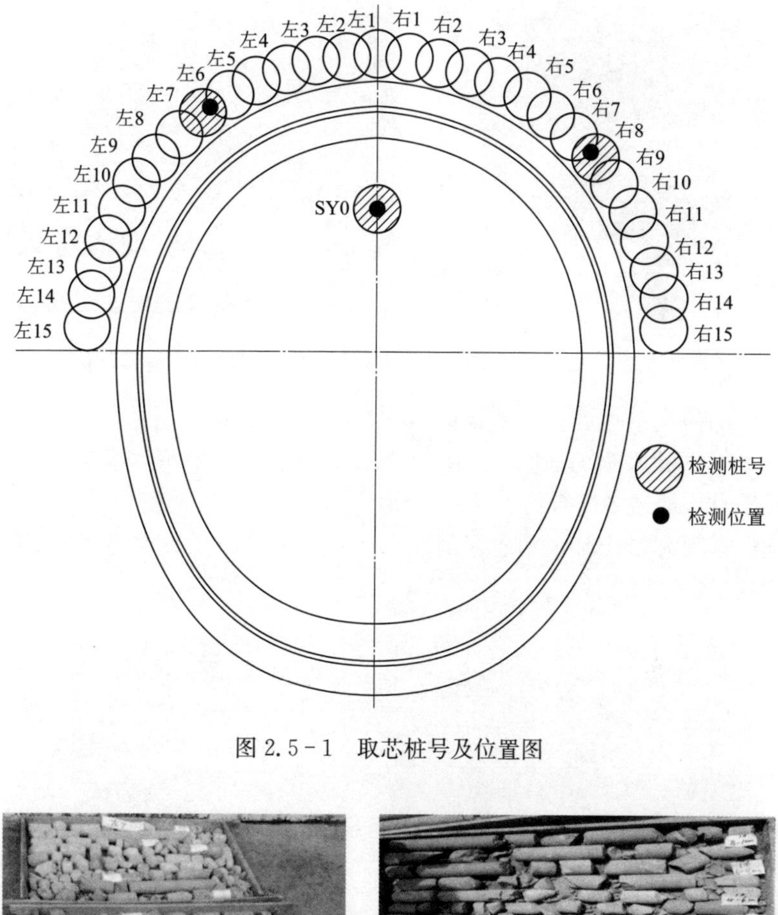

图 2.5－1　取芯桩号及位置图

图 2.5－2　左 7 号水平旋喷桩孔芯样照片(芯样长度 20.15 m)

图 2.5－3　右 8 号水平旋喷桩孔取芯照片(芯样长度 20.22 m)

加固完成后开挖面效果如图 2.5－4、图 2.5－5 所示，经过水平旋喷桩试验段施工证明，采用单管法水平旋喷桩，在全风化花岗岩、砾质黏土地层中进行施工，喷浆压力为 36 MPa，旋转速度为 12 r/min，拔杆速度为 15 cm/min，水泥消耗 370 kg/m^3 的施工参数能满足水平旋喷桩的成桩质量。

图 2.5－4　开挖面水平旋喷桩咬合成拱效果

试验段水平旋喷桩水泥土芯样 15 d 龄期的最大抗压强度为 9 MPa，最小抗压强度为 6.8 MPa，平均强度为 7.5 MPa，15 d 的芯样抗压强度已满足设计技术要求的 28 d 的 4.0 MPa 要求。水平旋喷桩相互咬合，成桩直径为 550～650 mm。现场监测结果显示，5 号、7 号联络线已开挖至 LIDK0＋294，进入西丽幼儿园下 16 m，最大沉降点 2.57 cm＜3 cm；房屋主体承重部分无明显裂纹及差异沉降。开挖过程中，掌子面无水渍，掌子面开洞后，无渗水、漏水，满足止水要求。施工及开挖过程中，隧道拱顶、地面建(构)筑物、地表等监测点变化均未超标，满足施工要求。

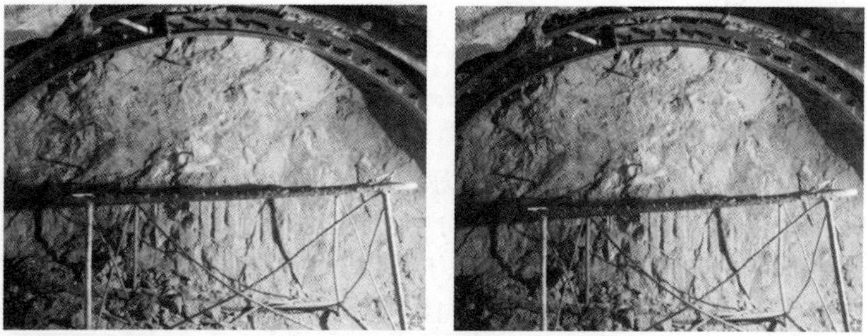

图 2.5－5　无水开挖面效果

第3章　联络线隧道施工对地表建筑的影响

3.1　计算软件与参数

3.1.1　计算软件

采用ABAQUS软件进行联络线隧道施工对地表建筑影响的数值模拟计算。ABAQUS拥有非常丰富的可模拟任意形状的单元库和与之对应的各类型的材料模拟库,可以模拟大多数典型工程材料的性能,其中包括金属、橡胶、高分子材料、复合材料、钢筋混凝土、可压缩高弹性的泡沫材料以及类似于土和岩石等地质材料。作为通用的模拟计算工具,ABAQUS除了能解决结构(应力/位移)的许多问题之外,还可以模拟其他各种领域的问题,例如热传导、质量扩散、电子部分的热控制(热电耦合分析)、声学分析、岩土力学分析(流体渗透/应力耦合分析)及压电介质分析。

和其他通用程序相比,ABAQUS软件在岩土工程数值计算中有不可比拟的优势。它有丰富的适用于岩土材料的本构模型,如扩展的Druker-Prager模型(线性、非线性以及可以考虑和徐变相结合)Capped Druker-Prager、Cam-Clay模型、Mohr-Coulomb模型、混凝土材料模型、渗透性材料模型(提供了依赖于孔隙比率、饱和度和流速的各向异性材料的渗透性模型)、节理模型;除了常规的各种单元类型外,还有模拟无限边界的无限元,针对钢筋混凝土结构的加强筋单元、针对地下埋管的土壤/管柱连接单元;可进行开挖填筑分析,可自动生成自重应力场,可进行渗流/应力耦合分析,可进行饱和非饱和渗流分析。

3.1.2　计算参数

下穿房屋均为框架结构,根据常规房屋设计,将房屋材料设为

C30混凝土。计算参数见表3.1。

表3.1　计算参数取值

名称	弹性模量 E(MPa)	泊松比 υ	重度 γ(kN·m^{-3})	黏聚力 c(kPa)	内摩擦角 φ(°)
围岩	20	0.28	18	24	23
注浆	50	0.26	19	—	—
衬砌	23 000	0.2	22	—	—
房屋柱	31 000	0.2	25	—	—
房屋梁、板	31 000	0.2	25	—	—

3.2　隧道施工对壮丽商厦的影响分析

3.2.1　计算模型范围

取围岩计算模型尺寸宽为100 m、高为50 m、纵向(即开挖方向)为50 m,隧道埋深为16 m。由框架结构的对称性,建筑物纵向长度可取实际长度的一半进行分析。

模型采用自重应力场作为初始应力场,模型的左右边界施加水平法向约束,下边界施加竖直法向约束,前后施加纵向法向约束。计算采用台阶法开挖,开挖进尺为2 m。

3.2.2　计算结果分析

1. 竖向位移

隧道开挖完成后,模型的整体变形如图3.2-1所示。由整体变形云图可以看出,隧道开挖使得围岩和上部建筑物在隧道轮廓线周围一定范围内发生变形,同时,上部建筑物靠近隧道一端变形大于远离端。从图中还可以看出,由于建筑物的存在,在其下方围岩的变形小于没有建筑物的区段。

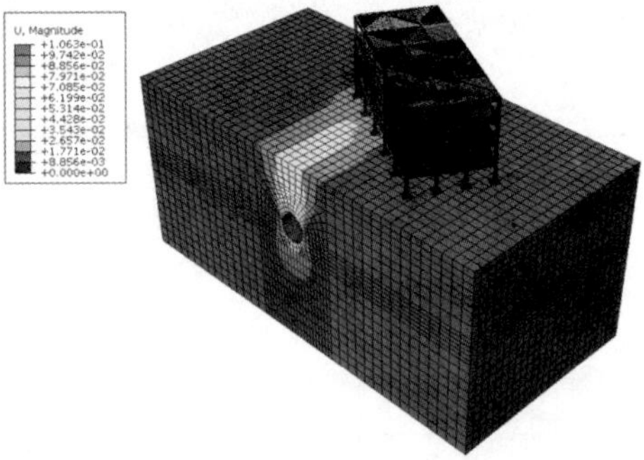

图 3.2-1　模型整体变形云图(单位:m)

围岩与建筑的竖向位移如图 3.2-2 所示。围岩在拱顶上方一定水平范围内发生沉降,显然,在有房屋的地方围岩沉降的范围较大,而没有房屋的地方沉降范围较小,最大沉降量为 106.3 mm,发生最大沉降的位置为隧道衬砌拱顶上方围岩,同时,在隧道拱底下方围岩发生向上隆起,最大隆起量为 44.9 mm。

从建筑物的竖向位移分布云图上可以看出,房屋左半部分发生竖向沉降,且在左上角端点沉降值达到最大,这是由于联络线隧道正下穿建筑物的左上角,隧道开挖对其正上方位置影响最大;房屋的右端小部分具有正值的竖向位移,这是由于房屋刚度较大,又沿隧道中部发生倾斜,故房屋的另一端发生上翘,最大值为1.9 mm。

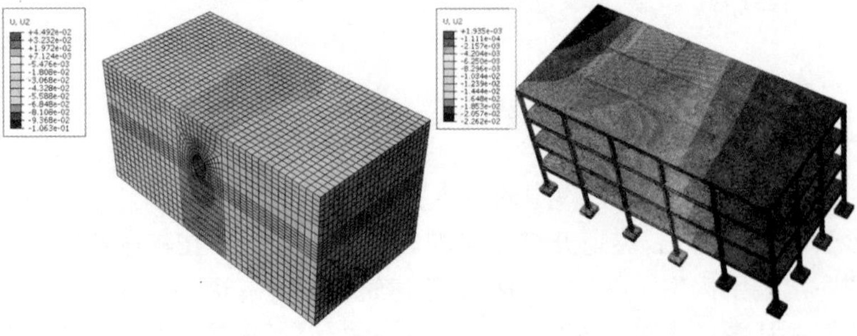

(a)　围岩　　　　　　　　　　(b)　房屋

图 3.2-2　围岩和建筑竖向位移(单位:m)

按房屋与隧道的相对位置，分别取隧道开挖长度为 10 m、20 m、30 m 以及 40 m 时房屋的竖向位移云图如图 3.2－3 所示。隧道开挖 10 m 时，房屋的最大沉降发生在前侧中部，最大沉降量为 1.45 mm；隧道开挖 20 m 时，最大沉降发生位置向左侧移动，最大沉降量为 7.54 mm；当隧道开挖 30 m 时，最大沉降位置继续向左端移动，最大沉降量为 14.30 mm；当隧道开挖 40 m 时，竖向沉降范围主要集中在房屋左侧，最大沉降位置集中在房屋西南角，最大沉降量为 16.46 mm。显然，随着开挖长度的增加，房屋竖向位移分布和大小不断发生变化，发生最大位移的位置从中部向左端移动，直至隧道通过整个建筑物后，最终在房屋的西北角发生最大竖向位移，同时，最大位移值逐渐增大。

(a)　开挖 10 m

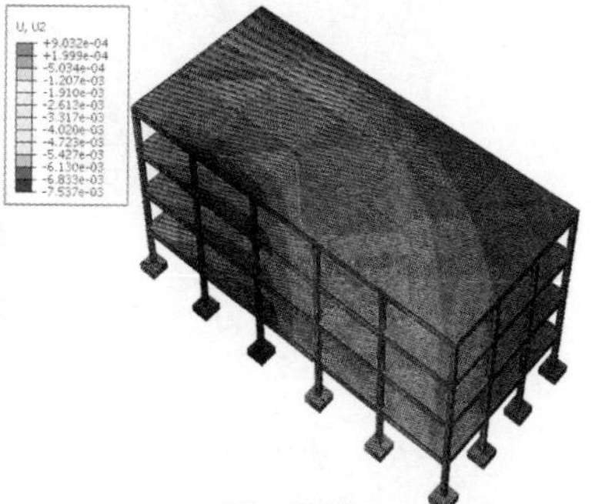

(b)　开挖 20 m

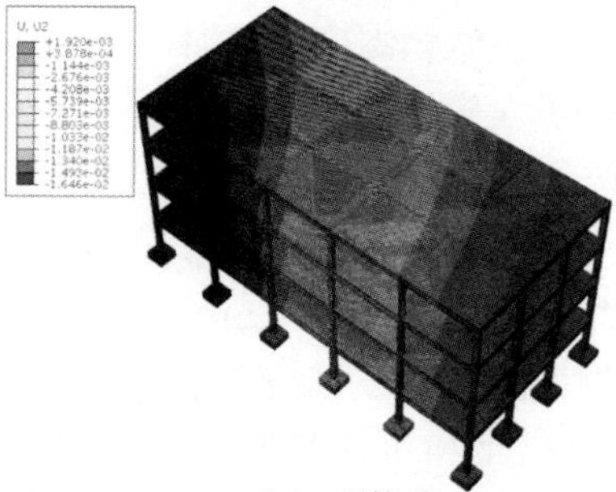

(c)　开挖 30 m

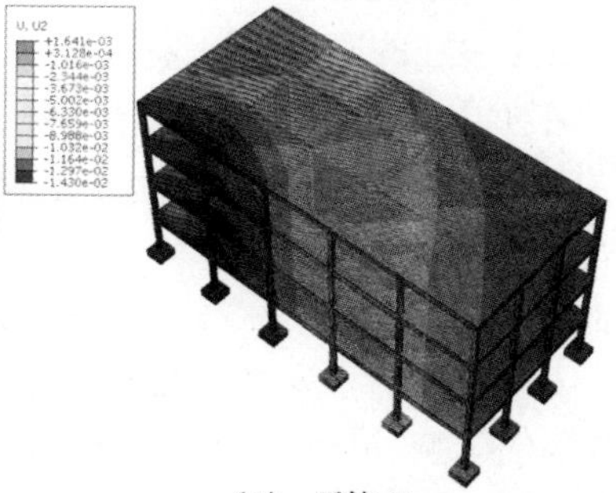

(d)　开挖 40 m

图 3.2－3　不同开挖长度时房屋竖向位移(单位：m)

2. 水平位移

围岩和建筑水平位移如图 3.2－4 所示，从图中可以看出，隧道上方围岩发生一定范围的水平位移，其中，最大绝对位移值约为 17.19 mm，在隧道左侧的土体水平位移为正，隧道右侧土体水平位移为负，这是由于隧道内部土体的开挖，使得周边围岩具有向洞内移动的趋势，导致上部土体表现出向隧道轴线移动的现象。同竖向位移相反，建筑物下方土体水平位移范围明显小于没有建筑物区段，推测其原因，可能是由于建筑物基础对围岩上部土层具有一定的加固作用，限制该区域土体的水平变形。

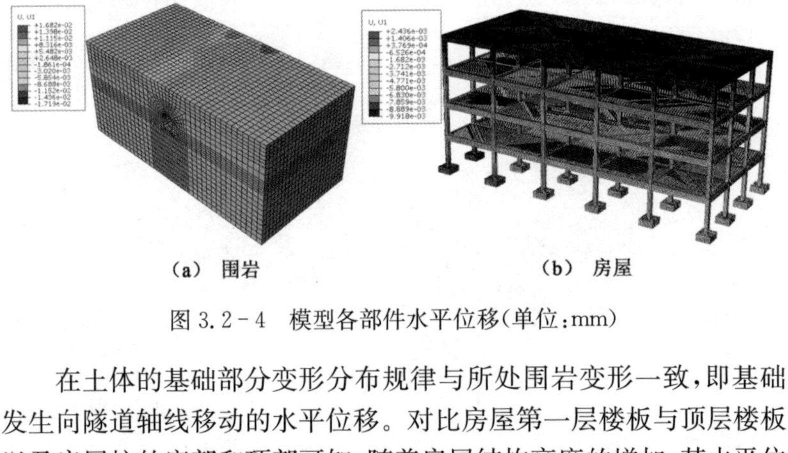

(a) 围岩　　　　(b) 房屋

图 3.2－4　模型各部件水平位移(单位：mm)

在土体的基础部分变形分布规律与所处围岩变形一致，即基础发生向隧道轴线移动的水平位移。对比房屋第一层楼板与顶层楼板以及房屋柱的底部和顶部可知，随着房屋结构高度的增加，其水平位移绝对值逐渐增大，最大水平位移发生在房屋的顶层楼板，最大位移值为 9.92 mm，房屋水平位移呈现出明显的放大效应；同时，房屋上部整体发生负向水平位移，这是由于房屋整体处在隧道右侧，使得上部结构具有整体向左移动的趋势。

为了更加直观地研究隧道通过壮丽商厦段对地表沉降以及房屋沉降的影响，沿隧道开挖方向如图 3.2－5 所示设置四条地表沉降观测路径，同时，分别将房屋基础用数字和字母进行编号，观测隧道开挖对建筑物基础沉降的影响情况。

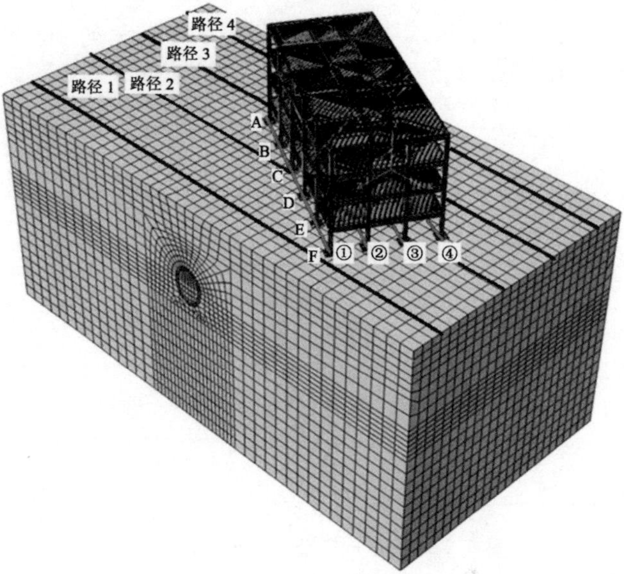

图 3.2－5　模型沉降监测设置

结合图 3.2－6，路径 1 在房屋前方，而路径 2～4 通过建筑物下方，从不同监测路径地表沉降曲线可知，路径 1 的地表沉降最大值为 18.51 mm，沉降曲线较为光滑；路径 2 最大沉降量为 20.05 mm，右半侧沉降曲线不完全呈光滑分布；路径 3 最大沉降量为 20.06 mm，沉降曲线整体呈不光滑分布；路径 4 最大沉降量为 21.25 mm，曲线左侧较右侧光滑。由此可见，房屋的存在对地表沉降分布具有一定的影响，即有建筑物的区域地表沉降较大，其中在路径 4 中，隧道的开挖使得房屋发生倾斜，故在该处取得较大的地表沉降。

提取房屋基础各监测点的最终沉降量列于表 3.2 中。根据《建筑地基基础设计规范》(GB 50007—2011)，由于建筑物地基不均匀、荷载差异很大、体型复杂等因素引起的地基变形，对应砌体承重结构应有局部倾斜值控制；对于框架结构和单层排架结构应由相邻柱基的沉降差控制；对于多层或高层建筑物和高耸结构应由倾斜值控制。通过表中数据计算可知，房屋柱基之间的最大沉降差为5.71 mm，房屋最大倾斜值为 0.001 1。

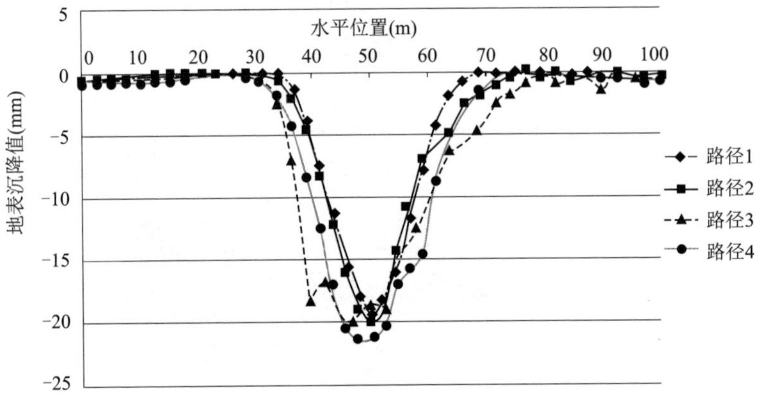

图 3.2－6　不同监测路径地表沉降曲线

表 3.2　房屋基础各监测点沉降量(单位：mm)

监测点	1	2	3	4
A	－12.72	－14.12	－16.04	－17.79
B	－12.37	－12.44	－12.51	－12.27
C	－9.41	－8.51	－7.43	－6.57
D	－4.56	－3.83	－3.21	－2.64
E	－0.86	－0.71	－0.52	－0.59
F	1.44	1.46	1.41	1.46

在所有的基础中，A 排基础沉降量相对较大，将 A1～A4 基础沉降量随开挖的变化情况绘制于图 3.2－7 中，从图中可知，整体上各基础沉降随隧道开挖逐渐增大，在隧道开挖至房屋下部之前增大较为缓慢，隧道通过房屋段增大最为明显，通过房屋段后大部分基础沉降趋于平稳。

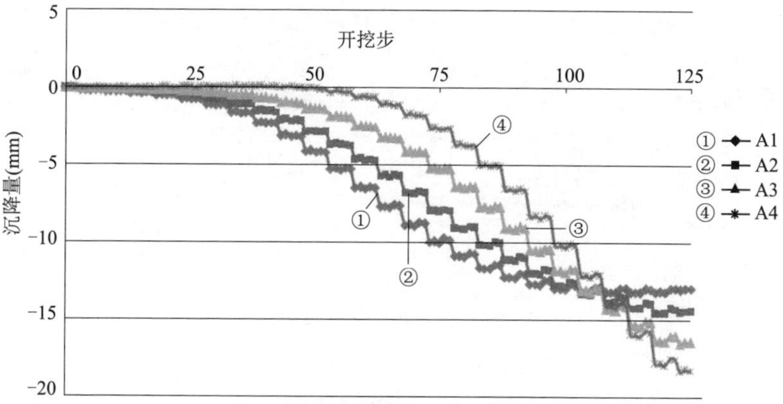

图 3.2－7　基础沉降随开挖的变化曲线

3. 应力

图 3.2－8 为隧道开挖完成后上部结构的应力分布云图，从图中可以看出，房屋柱以及柱与梁、板连接处应力集中。为便于分析隧道开挖对房屋应力情况的影响，提取房屋 A 排柱体与第一层楼板结合处节点的应力增量曲线绘制于图 3.2－9 中。整体上 A 排各柱体与第一层楼板结合处的应力增量随联络线施工依次增大，并随开挖步的增加而增大，在开挖通过房屋后逐渐稳定，这点与房屋整体变形趋势大致相同。其中，在 A1 柱上增量最大，其最大值达到 8 MPa。

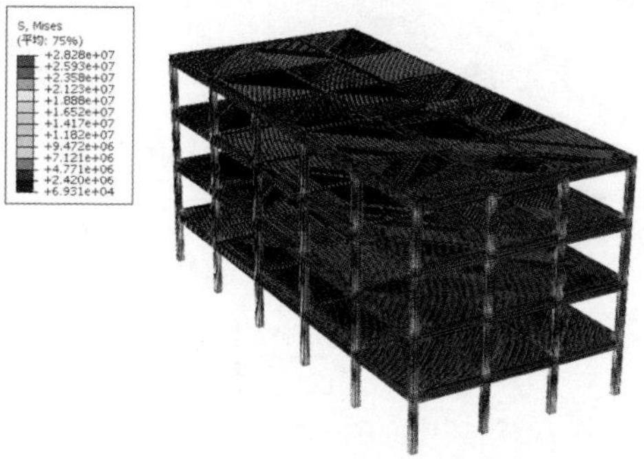

图 3.2－8　房屋结构应力(单位：Pa)

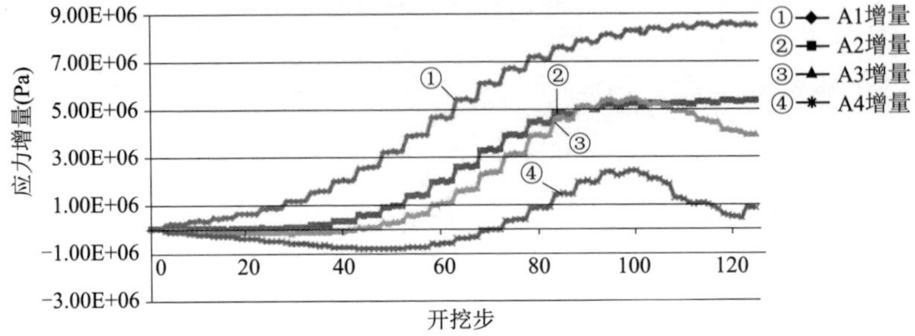

图 3.2-9　房屋应力增量曲线

3.3　隧道施工对西丽幼儿园的影响分析

3.3.1　计算范围

隧道下穿西丽幼儿园计算模型如图 3.3-1 所示，隧道正下穿西丽幼儿园 2 层房屋，房屋为框架结构，基础为 ϕ480 沉管灌注桩。本节不考虑桩基侵入隧道（即需要进行桩基托换）的情况，取房屋桩基长度与隧道埋深相同，均为 12 m，取围岩计算模型尺寸长为 100 m、高为 50 m、纵向（即开挖方向）为 50 m，房屋上部结构按实际尺寸进行建模。

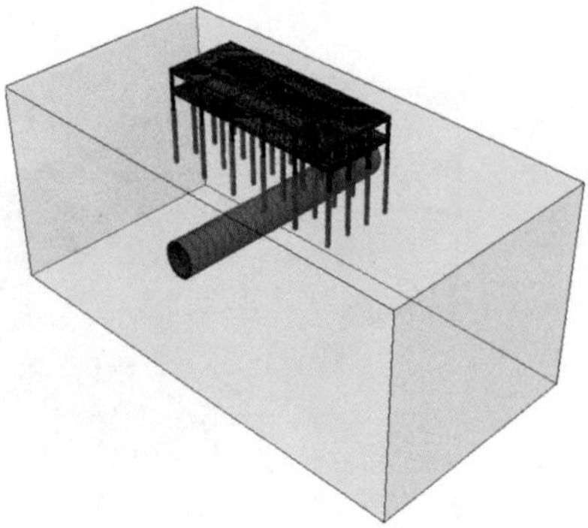

图 3.3-1　下穿西丽幼儿园计算模型相对位置关系

3.3.2　计算结果分析

1.竖向位移

隧道开挖使得围岩和上部建筑物在隧道轮廓线周围一定范围内发生变形，其中最大变形发生在隧道拱顶上方，建筑物下方及其后方围岩变形范围与建筑物前方相比较大，最大变形量为 82.80 mm。

围岩和房屋的竖向位移如图 3.3－2 所示，单从围岩方面看，隧道正上方围岩具有向下的竖向位移，且在房屋前方和后方围岩竖向位移较大，而在房屋下方竖向位移较小，这可能是由于房屋下部桩基础群埋入土体较深，使该区域围岩刚度增大，因此变形减小。发生最大沉降的位置为隧道衬砌拱顶上方，最大沉降量约为 82.80 mm，同时，在隧道拱底下方截面发生向上隆起，最大隆起量为 42.67 mm。

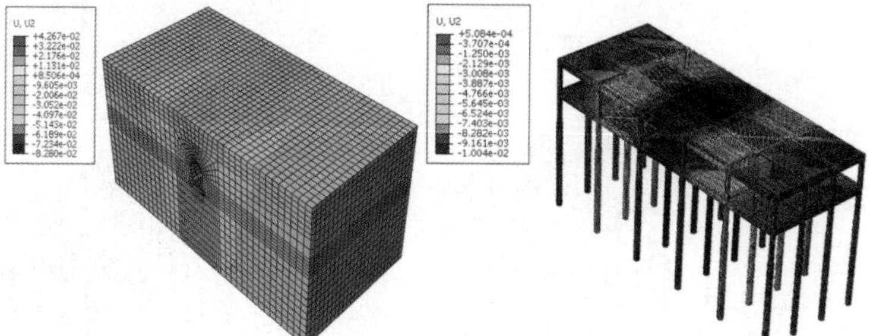

图 3.3－2　围岩与房屋竖向位移(单位：mm)

从建筑物的竖向位移分布云图上可以看出，房屋的竖向变形整体沿中间断面成对称分布，房屋中间 3 跨发生向下沉降，最大沉降发生在房屋中部，沉降值为 10.00 mm，房屋两端边跨则发生上翘，最大上翘量约为 0.51 mm，房屋整体呈 V 字形变形。

隧道开挖长度为 10 m、20 m、30 m 和 40 m 时房屋的竖向位移情况如图 3.3－3 所示。从图中可以看出，当隧道开挖长度为 10 m 时，房屋前方中部跟随前方围岩发生小部分的竖向沉降，最大沉降量为 2.21 mm，同时，在房屋的左右两端发生上翘，最大上翘量为 0.48 mm；当隧道开挖长度为 20 m 时，房屋发生竖向沉降的范围沿开挖方向逐渐增大，最大沉降量为 8.29 mm；当开挖长度为 30 m 至 40 m 时，竖向沉降范围继续增大，其范围逐渐从房屋前方向后方贯通，同时，最大位移值逐渐增大。

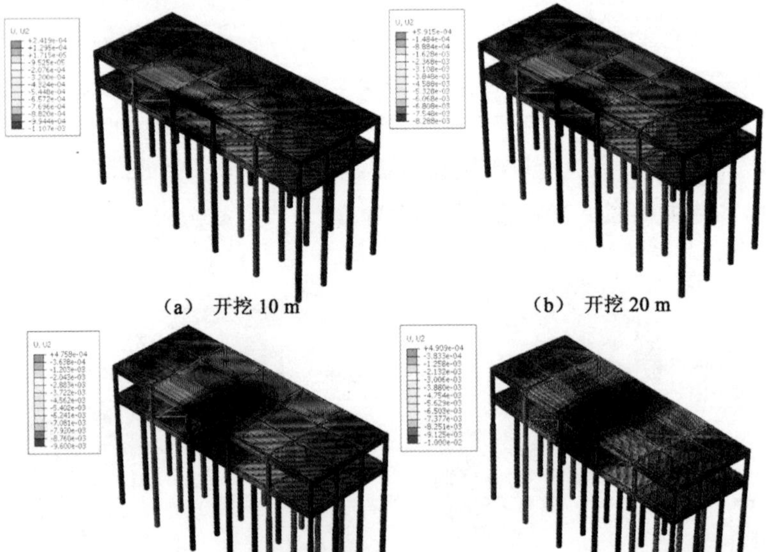

(a) 开挖 10 m　(b) 开挖 20 m

(c) 开挖 30 m　(d) 开挖 40 m

图 3.3-3　不同开挖进尺时房屋竖向位移

2. 水平位移

图 3.3-4 为计算模型各部件的水平位移结果云图。围岩水平位移分布整体上关于隧道纵向对称分布，与竖向位移分布相同，在房屋下方土体的水平位移情况与房屋前后土体相比明显较小；隧道左拱肩附近土体水平位移为正，右拱肩附近土体水平位移为负，左拱腰

附近土体水平位移向左，右拱腰附近土体水平位移向右，这是由于隧道的开挖引起上部土体下沉，具有向开挖腔体挤入的趋势，使得两侧向外扩张。其中，围岩整体最大绝对位移值约为 10.50 mm。

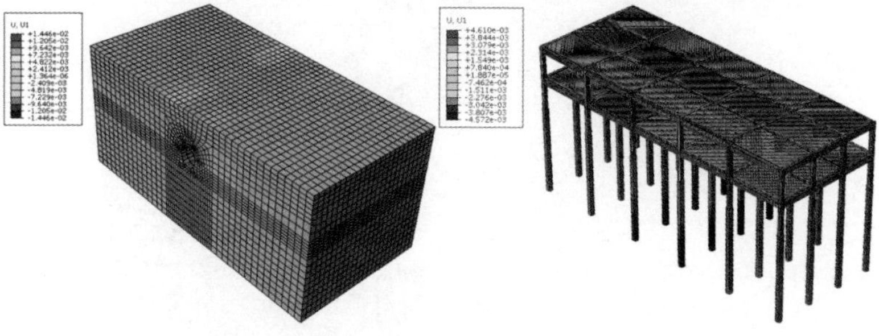

图 3.3－4　围岩与房屋水平位移

在土体的基础部分变形分布规律与所处围岩变形一致，即基础发生向隧道轴线移动的水平位移。同时，房屋的水平变形位置主要集中在中间 3 跨的桩基础中下部，而上部结构，尤其是顶层楼板水平变形情况甚微，推测其原因，主要有两点：隧道正下穿房屋中部，房屋两侧相对变形较小；同时，由于桩基础深入隧道上方土体，对相应土层具有一定程度的加固作用，隧道开挖对房屋上部结构影响减小。

为了更加直观地研究隧道通过西丽幼儿园段对地表沉降以及房屋沉降的影响，沿隧道开挖方向如图 3.3－5 所示设置三条地表沉降观测路径，同时，分别将房屋基础用数字和字母进行编号。

从图 3.3－6 中可以看出，由于房屋结构以及围岩模型的对称性，三条路径地表沉降均沿隧道轴线对称分布。与路径 1 相比，路径 2(即房屋下方)的地表沉降范围逐渐加宽，且发生最大沉降位置不在中部，同时由于附近桩基础的影响，在水平位置为 40 m 和 60 m 附近发生突变，致使路径 2 的整体地表沉降呈 W 形分布。3 条路径的最大沉降量分别为 15.09 mm、14.58 mm 和 14.71 mm，其中路径 2 的沉降量最小。

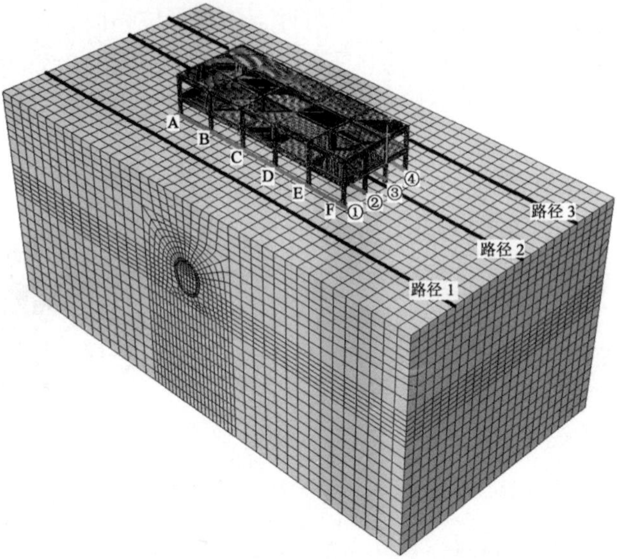

图 3.3-5 模型沉降监测设置

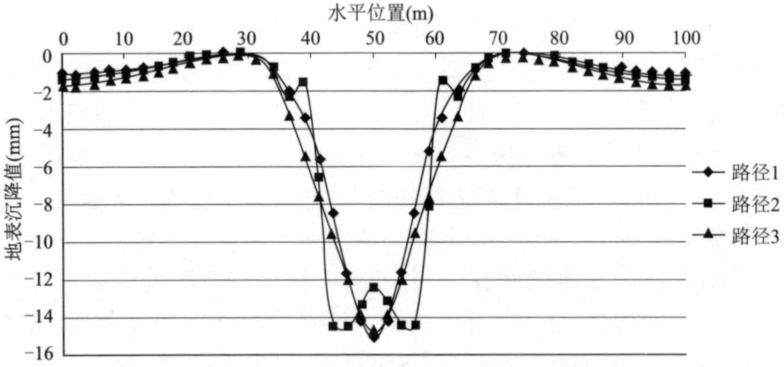

图 3.3-6 不同监测路径地表沉降曲线

提取房屋基础各监测点的最终沉降量列于表 3.3 中。根据《建筑地基基础设计规范》(GB 50007—2011)，通过表中数据计算可知，房屋基础之间的最大沉降差为 8.54 mm。从表中还可以看出，在所有的基础中，C排基础沉降量相对较大，将C1～C4基础沉降量随开挖的变化情况绘制于图3.3-7中；从图中可知整体上各基础沉降随隧道开挖逐渐增大，并可将基础随开挖变化分为三个阶段：在隧道开挖至房屋下部之前增大较为缓慢，隧道通过房屋段增大最为明显，通过房屋段后大部分基础沉降趋于平稳。

表3.3　基础各监测点沉降量(单位：mm)

监测点	A	B	C	D	E	F
1	1.01	−0.23	−7.67	−7.61	−0.24	1.00
2	0.89	−0.62	−8.17	−8.1	−0.63	0.89
3	0.82	−0.83	−8.59	−8.54	−0.84	0.81
4	0.79	−0.95	−9.49	−9.46	−0.97	0.78

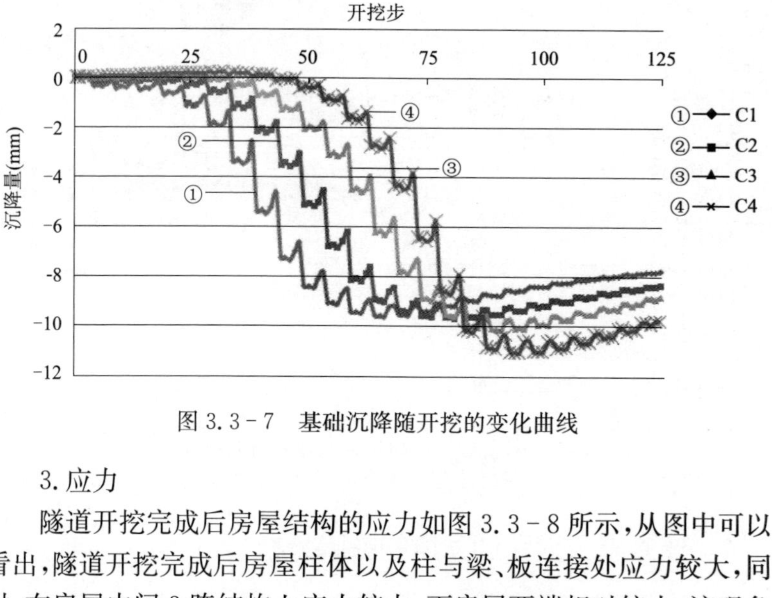

图3.3-7　基础沉降随开挖的变化曲线

3.应力

隧道开挖完成后房屋结构的应力如图3.3-8所示，从图中可以看出，隧道开挖完成后房屋柱体以及柱与梁、板连接处应力较大，同时，在房屋中间3跨结构上应力较大，而房屋两端相对较小，该现象与房屋沉降分布相吻合。提取房屋C排柱体与第一层楼板结合处节点的应力增量曲线绘制于图3.3-9中，从图中可以看出，与房屋沉降情况相对应，整体上也可将C排柱体与第一层楼板结合处的应力增量随开挖步的变化情况分为三个阶段，即变化微小阶段、增加剧烈阶段以及增量稳定阶段，其中，C1柱与楼板连接处应力率先增加，随即C2、C3和C4相继增大，当联络线完全通过房屋下方后结构应力逐渐趋于平稳，最大应力增量值约为6.1 MPa。

图3.3－8　房屋结构应力

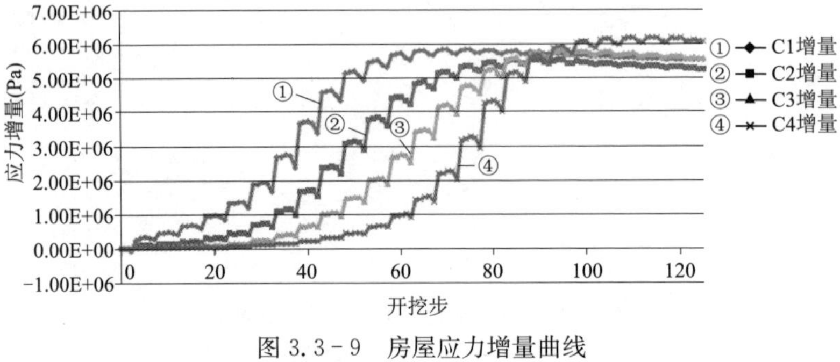

图3.3－9　房屋应力增量曲线

3.4　隧道施工对留仙宾馆的影响分析

3.4.1　计算范围

隧道正下穿留仙宾馆段计算模型如图3.4－1所示，同样，为消除边界影响，取围岩计算模型尺寸长为100 m、高为50 m、纵向（即开挖方向）为50 m，隧道埋深为12 m，房屋尺寸按照实际情况建模。

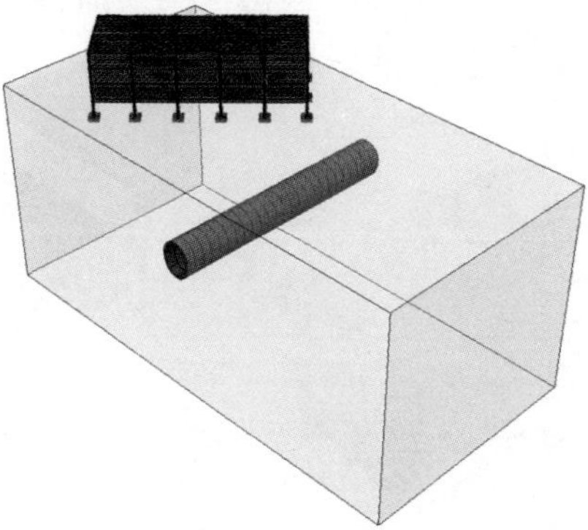

图3.4-1 下穿留仙宾馆计算模型相对位置关系

3.4.2 计算结果分析

1. 位移

隧道开挖通过留仙宾馆段后，最大变形量约为105.10 mm，发生在隧道拱顶上方。留仙宾馆东北角跟随下部土体发生同样的变形趋势，对于围岩来说，靠近房屋段变形范围较大。将模型中围岩与房屋的竖向位移分布云图分布显示在图3.4-2中，围岩在拱顶上方位移向下，而拱底围岩位移向上，即发生隧道周边围岩向洞内方向挤入的趋势，拱顶上方围岩最大变形量约为105.10 mm，拱底下方围岩最大隆起量约为44.12 mm。从建筑物的竖向位移分布云图上看，房屋靠近隧道一侧发生竖向沉降，且在位于隧道正上方的一角取得最大值，这是由于联络线隧道正下穿建筑物该部位，故隧道开挖对其沉降变形影响最为显著；相反，因房屋发生向隧道方向的倾斜，房屋的整体性使得在房屋的另外一段小范围内具有正值的竖向位移，最大值约为3.25 mm。

隧道开挖长度为10 m、20 m、30 m和40 m时房屋的竖向位移云图如图3.4-3所示。从图中可以看出，当隧道开挖10 m时，房屋靠近隧道一侧即发生一定范围的竖向沉降；开挖至 30 m 时，隧道开挖横断面位于房屋的中部，其竖向位移分布范围逐渐增大，同时最大沉降量增大为 2.68 mm；随着开挖进尺的增加，隧道通过房屋下方，房屋沉降情况变化减缓，并逐渐趋于平稳。

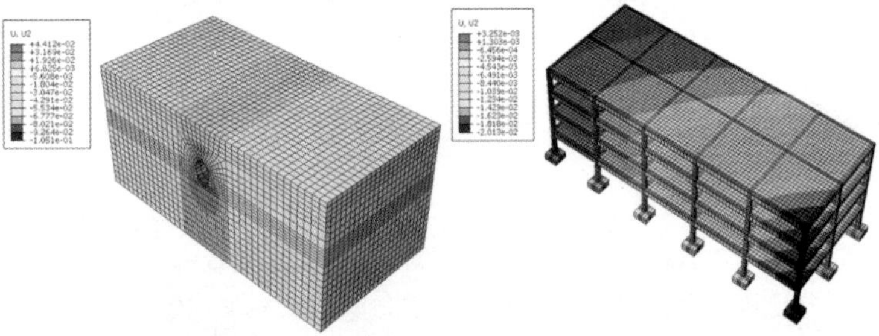

图 3.4－2　围岩与房屋竖向位移(单位：mm)

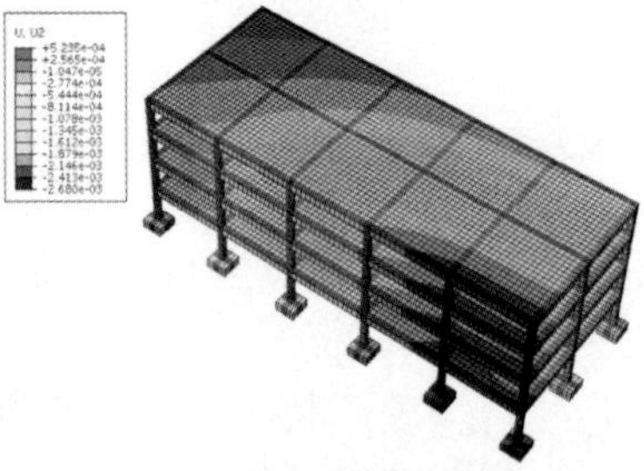

(a)　开挖 10 m

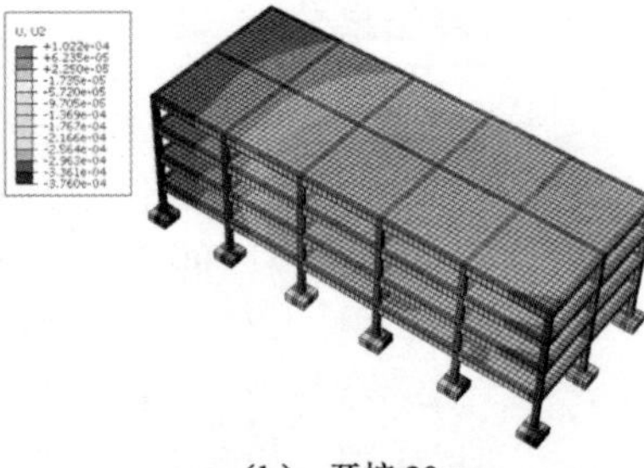

(b)　开挖 20 m

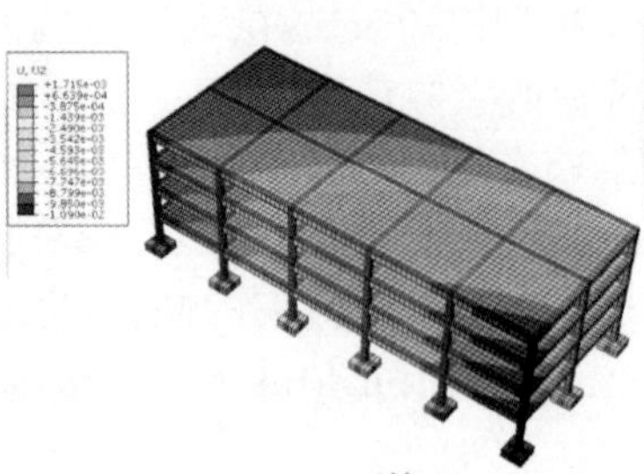

(c)　开挖 30 m

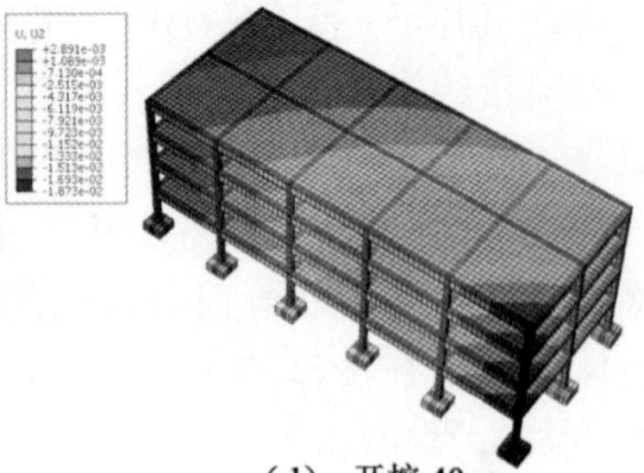

(d)　开挖 40 m

图 3.4－3　不同开挖长度时房屋竖向位移

2. 水平位移

图 3.4-4 为计算模型中围岩与房屋的水平位移,整体上隧道周边围岩向隧道轴线方向移动,其中,围岩水平位移最大值为 17.22 mm。通过比较发现,由于建筑物基础对土层的约束作用,隧道上方左侧围岩水平位移范围与右侧相比明显较小。房屋整体发生正向水平位移,这是由于房屋整体位于隧道的左侧,与同侧围岩移动趋势相同,发生向隧道轴线移动的水平位移。通过房屋基础与顶部楼板层的对比发现,由于房屋上部结构没有土层的约束,顶层楼板的水平位移程度明显大于底部结构。

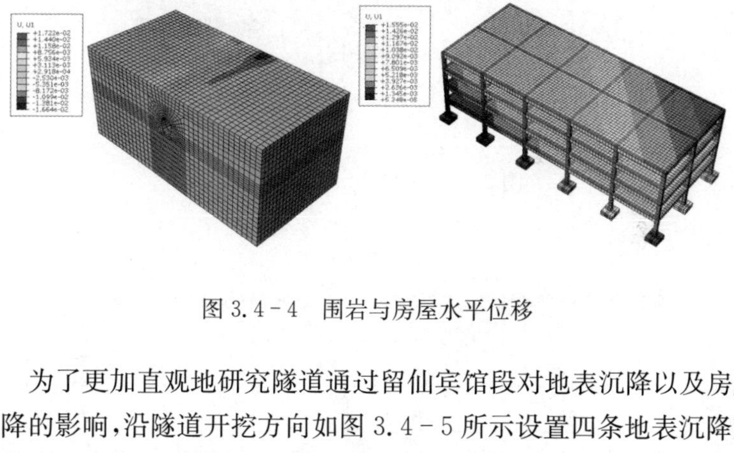

图 3.4-4　围岩与房屋水平位移

为了更加直观地研究隧道通过留仙宾馆段对地表沉降以及房屋沉降的影响,沿隧道开挖方向如图 3.4-5 所示设置四条地表沉降观测路径,同时,分别将房屋纵向基础用数字、横向基础用字母进行编号,观测隧道开挖对建筑物基础沉降的影响情况。

从图 3.4-6 中不同监测路径的地表沉降曲线中可以看出,模型右侧曲线较左侧曲线光滑,即房屋的存在主要使得隧道左侧地表沉降发生较大的变化,对隧道右侧影响较小,同时,因在房屋下方地表沉降范围较宽;在数值上,因房屋的一角正好位于路径 3 附近,故路径 3 地表沉降最大,其最大值约为 24.81 mm。

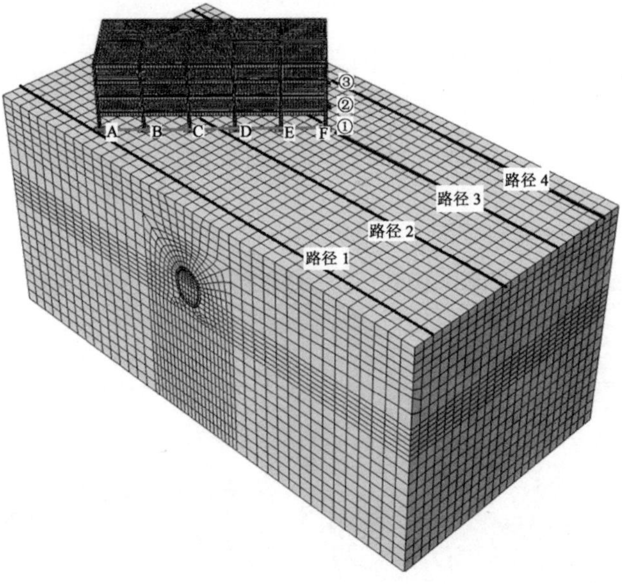

图 3.4－5 模型沉降监测设置

图 3.4－6 不同监测路径地表沉降曲线

将房屋各基础底部的最终沉降量列于表 3.4 中，房屋柱基之间的最大沉降差为 5.74 mm，房屋最大倾斜值为 0.000 7。在所有的基础中，F 排基础沉降量相对较大，将 F1～F3 基础沉降量随开挖的变化情况绘制于图 3.4－7 中，图中显示，基础 F1、F2 和 F3 随隧道的开挖具有一致的变化规律，整体上各基础沉降随隧道开挖逐渐增大，在隧道开挖至靠近房屋前增加缓慢，在开挖房屋下端区域时，各基础沉降大幅增长，直至通过房屋段后基础沉降趋于平稳。

表 3.4 基础各监测点沉降量(单位：mm)

监测点	A	B	C	D	E	F
1	1.15	−0.77	−3.34	−7.40	−13.14	−18.46
2	2.01	0.25	−1.62	−4.51	−8.63	−13.48
3	2.85	1.34	0.13	−1.55	−4.45	−8.29

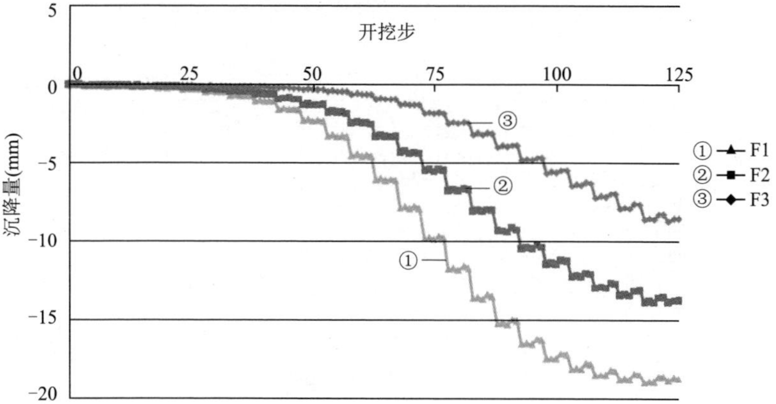

图 3.4－7 基础沉降随开挖的变化曲线

隧道开挖完成后，房屋上部结构的应力分布如图 3.4－8 所示。从图中可以看出，由于基础的不均匀沉降，在房屋柱以及柱体与梁板连接处产生较大应力，最大应力值为 15.50 MPa。提取 F 排房屋柱与第一层楼板结合处的应力增量随开挖步的变化曲线绘制于图 3.4－9 中，显然，与房屋变形情况相对应，由于房屋东北角处于隧道正上方，隧道开挖对该处变形具有持续性影响，因此 F1 柱与楼板结合处应力增大最为明显，最终应力增量约为 3.7 MPa。

图 3.4-8　房屋结构应力

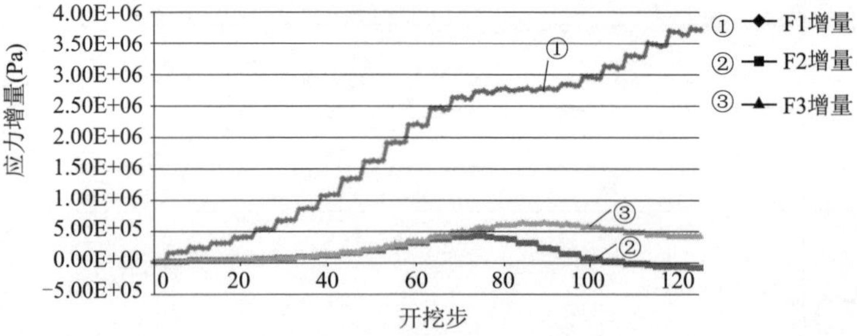

图 3.4-9　房屋应力增量曲线

3.5　隧道施工对西丽街道办的影响分析

3.5.1　计算范围

隧道与西丽街道办位置关系如图 3.5-1 所示，房屋结构外皮与隧道水平净距 22 m，其中房屋为 7 层框架结构，该段隧道埋深约 16 m。因为房屋位置的影响，取围岩计算模型尺寸长为 200 m、高为 50 m、纵向为 50 m，隧道埋深为 16 m。

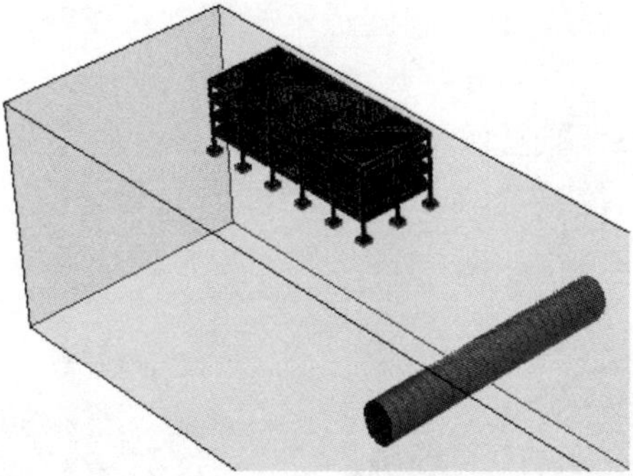

图 3.5－1　下穿西丽街道办计算模型相对位置关系

3.5.2　计算结果分析

在隧道拱顶上方围岩变形最大，最大变形量约为 85.83 mm。整体上看，因为房屋距离隧道结构水平距离较远，隧道开挖对房屋变形影响很小。围岩和房屋的竖向位移如图 3.5－2 所示，围岩竖向位移分布几乎不受房屋影响，整个纵向上分布大致相同，最大竖向变形发生在隧道拱顶上方围岩，变形量为 85.83 mm，隧道拱底围岩最大隆起量为 27.14 mm。房屋靠近隧道一侧发生下沉，结构整体倾斜，相应的，远离隧道一侧发生向上的位移，其中最大上翘量为 1.29 mm，最大下沉值为 0.67 mm。

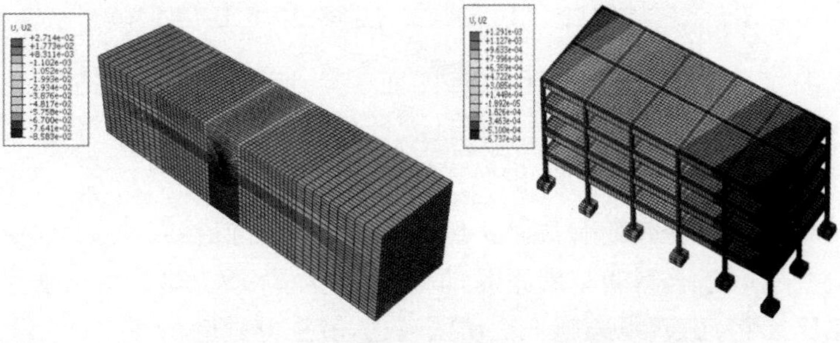

图 3.5－2　围岩与房屋竖向位移(单位:m)

图 3.5－3 为房屋结构在隧道不同开挖长度时的竖向位移变化情况，对比可知，在不同开挖长度时，房屋的竖向位移分布情况大致相同，均是在靠近隧道轴线部分发生下沉的竖向位移，远离隧道一侧发生正向的竖向位移，这是由房屋与隧道的相对位置决定的。随着整个模型隧道的不断开挖，房屋的竖向位移值逐渐增大。

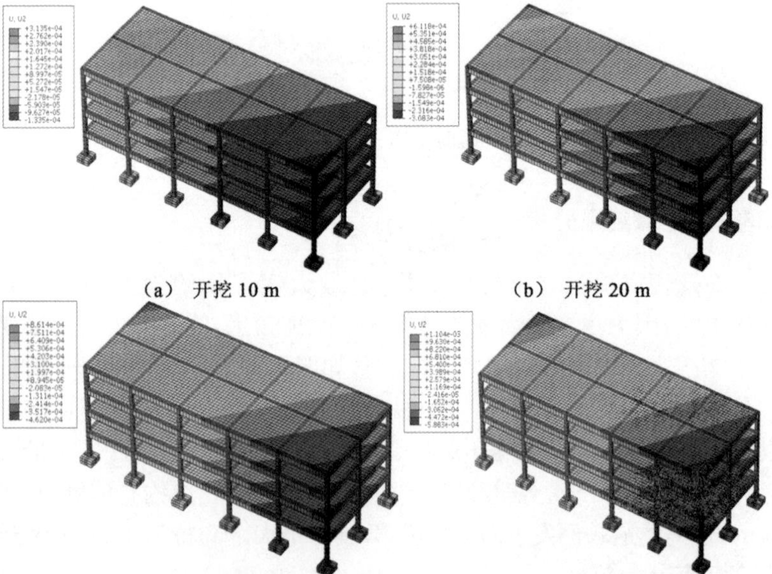

(a) 开挖 10 m　(b) 开挖 20 m

(c) 开挖 30 m　(d) 开挖 40 m

图 3.5－3　隧道开挖不同长度时房屋竖向位移(单位：m)

围岩与建筑物的水平位移如图 3.5－4 所示，围岩中水平位移情况整体上关于隧道轴线呈对称分布，两侧位移量也大致相当，最大值约为 9.79 mm，由此可见，因为房屋与隧道的距离相对较远，房屋的存在对围岩的变形影响甚微。房屋整体上水平位移较小，最大位移发生在靠近隧道侧的基础底部，最大值约为 2.15 mm。与正下穿房屋相比，因为房屋距离施工扰动区较远，隧道开挖与房屋之间相互影响较小，故房屋上部没有出现明显的变形放大情况。

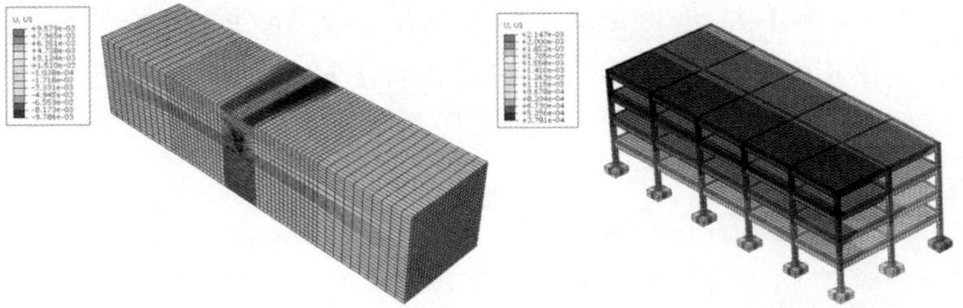

图 3.5-4　模型各部件水平位移

为了更加直观地研究隧道通过西丽街道办段对地表沉降以及房屋沉降的影响，如图 3.5-5 所示，沿隧道开挖方向设置三条地表沉降观测路径，并将房屋纵向基础用数字、横向基础用字母进行编号，观测隧道开挖对建筑物基础沉降的影响情况。

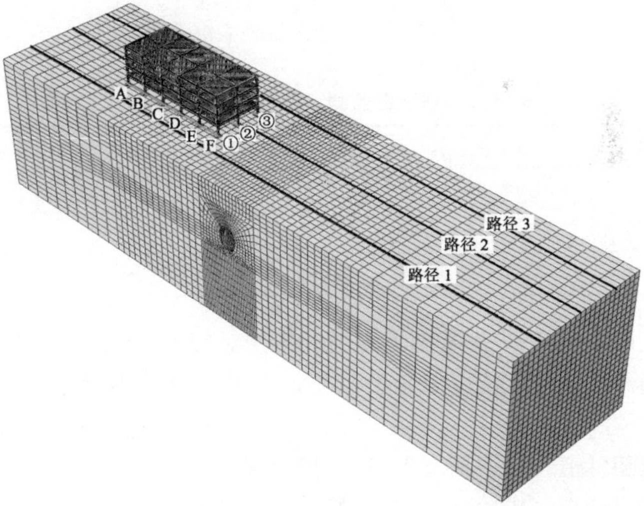

图 3.5-5　模型沉降监测设置

从图 3.5-6 中三条监测路径的地表沉降曲线中可以看出，三条监测路径中的地表沉降曲线形状大致相同，只有数值上的区别，其中，路径 1 数值较大，最大值为 16.27 mm。由此可见，房屋的存在对地表沉降影响不大，这也是由于房屋位置距隧道较远，二者相互作用较小。将房屋各基础底部的最终沉降量列于表 3.5 中，房屋柱基之间的最大沉降差为 0.47 mm，房屋最大倾斜值为 4.02238E-05。

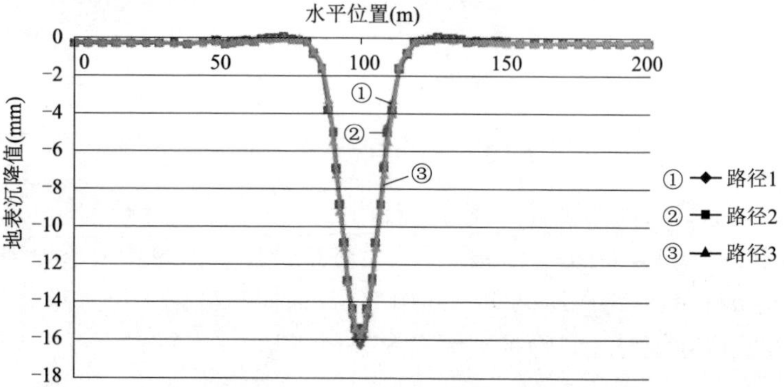

图 3.5-6　不同监测路径地表沉降曲线

表 3.5　基础各监测点沉降量(单位:mm)

监测点	A	B	C	D	E	F
1	1.15	0.69	0.27	0.04	−0.25	−0.44
2	1.01	0.58	0.20	−0.10	−0.33	−0.52
3	0.91	0.48	0.11	−0.18	−0.40	−0.60

从表中可知，F 排基础沉降绝对值相对较大，将 F1～F3 基础沉降量随开挖的变化情况绘制于图 3.5-7 中。从图中可以看出，基础 F1～F3 在隧道的开挖过程中变化规律大体相同，整体上各基础沉降绝对值随隧道开挖逐渐增大，最终相互靠近。

隧道开挖完成后，房屋结构的应力分布如图 3.5-8 所示。从图中可以看出，房屋基础应力与房屋上部结构应力值大致相当，房屋基础应力主要集中在基础四周尖角处，最大应力值约为 17.5 MPa，房屋上部结构应力主要集中在房屋柱以及与柱体相连的梁板处，最大应力值约为 19.7 MPa。提取 F 排柱与第一层楼板结合处应力增量随开挖步的变化曲线绘制于图 3.5－9 中，从图中可以看出，隧道开挖引起房屋应力逐渐增大，但最终增加幅度不大于0.18 MPa，其中当 F1、F2 增加趋于平稳后，F3 仍有大幅增加，这可能是因为房屋处于沉降槽上凸区，当联络线开挖完全通过房屋后方围岩沉降导致前方围岩上凸区下沉所致。

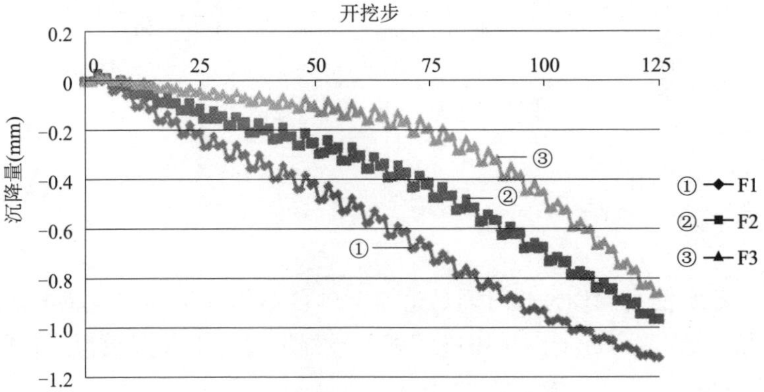

图 3.5－7　基础沉降随开挖的变化曲线

图 3.5－8　房屋结构应力

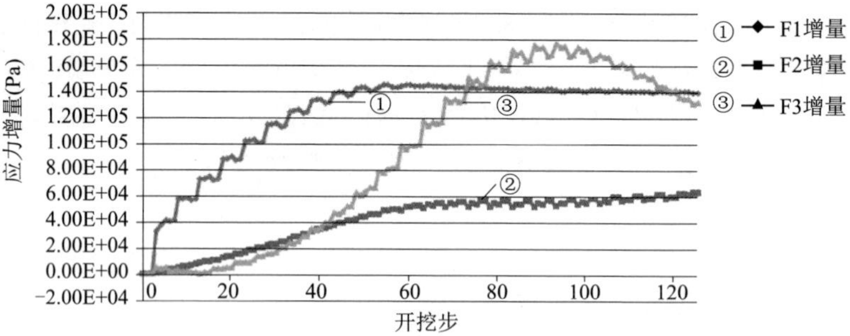

图 3.5-9　房屋应力增量曲线

3.6 小　结

本章根据深圳地铁 5 号线和 7 号线的联络线下穿建筑物的实际情况，对隧道穿过不同房屋段的施工过程进行三维计算模拟，得到以下结论：

当联络线隧道正下穿建筑的某一角（即壮丽商厦和留仙宾馆）时，在隧道开挖过程中，围岩的变形情况受到房屋的影响，房屋下方的围岩竖向变形范围增大，而水平变形范围则因房屋基础的限制作用有所减小；对于房屋而言，隧道开挖完成后，房屋靠近隧道一侧的基础发生不同程度的沉降，其中离隧道越近沉降量越大，远离隧道侧的基础发生上翘，同时，房屋具有向隧道轴线方向移动的水平位移，并随着房屋楼层的上升而逐渐增大；隧道开挖不均匀沉降使得房屋柱体以及柱与梁板连接处具有较大应力，隧道开挖对房屋的应力情况具有一定程度的影响，使得房屋结构具有较大的应力增量。当隧道下穿西丽幼儿园段时，因为模型结构的对称性，围岩与房屋结构的变形和应力分布均关于隧道轴线大致呈对称分布，桩基础的影响使得房屋下方地表沉降呈“W”形分布。因为房屋楼层较低，且桩基础对土体的加固作用相对更加明显，故由隧道开挖引起的围岩及房屋变形与壮丽商厦和留仙宾馆段相比均较小。隧道通过西丽街道办和留仙苑段时，由于房屋仅在隧道单侧，且与衬砌结构距离较远，隧道开挖对房屋竖向变形影响较小，但水平变形随着房屋楼层的增加而增大；在应力方面，开挖引起房屋应力逐渐增加，但增大数值较小，与穿越其他3栋建筑物施工段相比偏于安全。

计算结果显示，联络线开挖穿过壮丽商厦段时地面最大沉降量为21.25 mm，房屋最大沉降差为5.71 mm，倾斜值为0.001 1，由隧道开挖引起的房屋结构最大应力增量约为8 MPa；联络线开挖穿过西丽幼儿园段地面最大沉降量为15.09 mm，房屋最大沉降差为8.54 mm，隧道开挖引起房屋最大应力增量为6.1 MPa；联络线开挖穿过留仙宾馆段地表最大沉降量为24.81 mm，房屋最大沉降差为5.74 mm，倾斜值0.000 7，联络线隧道开挖引起房屋结构最大应力增量为3.7 MPa；穿过西丽街道办和留仙宾馆段最大地表沉降分别为16.27 mm、19.11 mm，房屋沉降差分别为0.47 mm、0.35 mm，倾斜值均不足0.000 1，由隧道开挖引起房屋应力增量不超过1 MPa。总之，由于隧道围岩十分软弱，当隧道施工正穿建筑物时，无论是穿过建筑物的中部还是一侧，隧道开挖引起的地表沉降量已接近控制值；对于邻近建筑物而言，虽然沉降差与倾斜值都在规范要求范围内，但隧道开挖引起结构应力增量偏大，为保证施工安全，防止建筑物发生应力破坏，施工期间应采取一定的安全控制措施。

第 4 章　联络线隧道爆破对既有建(构)筑物的影响

4.1　爆破振动对建筑物影响分析理论

4.1.1　爆破地震效应

炸药在爆炸时有一部分能量转换为地震波，这种地震波随着不同的介质可以传播得很远，从而造成不是爆破目标的建筑物或构筑物不同程度上的损坏称为爆破地震效应。对爆破地震效应的研究主要在于爆破引起的地面运动变化规律及其振动强度对建筑结构的影响等。

爆破作用引起的地震波是一种极为复杂的随机波，为方便研究，假定土体介质是均质、各向同性的弹性体，介质质点做简谐运动。可由位移 X、速度 V 和加速度 a 等物理量对介质质点的运动状态进行描述，即：

$$X = A\sin\omega t \tag{4.1-1}$$

$$V = \frac{\mathrm{d}x}{\mathrm{d}t} = \omega A\sin\omega t \tag{4.1-2}$$

$$a = \frac{\mathrm{d}V}{\mathrm{d}t} = \omega^2 A\sin(\omega t + \pi) \tag{4.1-3}$$

式中　A——质点振动的最大幅值；

ω——圆频率，$\omega = 2\pi f$；

f——振动频率；

t——振动时间。

由上述公式可知，原则上，只要知道三个物理量中的任何一个就可以确定另外两个，但由于炸药的爆炸过程与岩体构造等复杂性，炸药在岩体中爆炸所产生的地震波是一种复杂的瞬态波,同时,介质质点的振动也不是正弦运动,因此三个物理量不能进行确切的换算。据研究表明,若假定爆破地震波引起的质点振动为简谐运动,由位移或加速度换算得出的速度值均低于用仪器直接测量出来的值。

实测资料表明,采用质点振动速度作为描述和衡量爆破地震振动强度的标准,与采用位移或加速度作为标准相比更有利于排出岩体介质因素的影响。这是由于建筑物经受爆破振动的破坏与质点振动速度的相关性比位移和加速度更好,而且质点的振动速度是一个比较稳定的物理量,不会随岩体介质的改变而发生大的变化,以质点振动速度作为爆破振动的度量标准已成为各国爆破振动控制的基础。如果将岩体介质的振动作为简谐运动,则岩体介质振动质点的简谐振动速度 v 表达成如下形式:

$$v = \frac{2\pi A}{T} \tag{4.1-4}$$

当岩体介质的性质改变时,振幅 A 和周期 T 会同时增大或减小,而其比值变化极小,即速度值变化稳定;另一方面,岩体介质的振动速度与建筑物之间存在直接的关系,当建筑物受到振动时,其应变 ε、弹性模量 E 和应力 σ 之间存在如下关系:

$$\sigma = E \times \varepsilon \tag{4.1-5}$$

而应变 ε 与岩体介质质点的振动速度 v 与波的传播速度 c 之间的关系为:

$$\varepsilon = v/c \tag{4.1-6}$$

将式(4.1-6)代入(4.1-5)得到极限条件下的应力 σ_m 与极限振速 v_m 之间的关系为:

$$\sigma_m = v_m/c \tag{4.1-7}$$

从上式可以看出,爆破振动作用在建筑物上产生的应力与岩体介质质点的振动速度成正比,这也表明了岩体介质的振动速度是一个判别建筑物破坏与否的重要物理量。地震波对建筑物的效应分为力效应和应变效应。

1. 力效应

地震波的力效应表现为作用在建筑结构上的拉力和压力，这种效应类似于空气冲击波和水中冲击波的超压和冲量直接对建筑结构的作用。地震波在建筑结构上的力效应是以特殊的方式表现出来的，爆炸应力波在建筑结构的底土中传播，碰撞在建筑结构的基础上，并进入建筑物（如砖、混凝土等），地震波就在建筑物的自由表面以及门、窗或其他开口处反射、折射和绕射；于是在建筑物的门、窗或其他开口的拐角处形成拉伸从而引起整个建筑物的破坏，但由于这种力效应的复杂性，对它的研究有待于进一步的研究。

2. 应变效应

所谓应变效应是从地基传递到结构基础的运动，这种运动又从基础传递到整个结构，其效应有两类：

(1)单独由惯性力引起的结构应力；

(2)由于惯性力和结构各构件的相对变形而引起的结构应力。

在爆破安全规程的安全距离制定中，主要考虑应变效应表示方法，即定出一般建筑物和构筑物的爆破地震安全性应满足安全振动速度的要求。

地震波的应变效应表现为由地震波引起的振动由下层土传递到结构的基础上，然后，通过基础传递到上部结构，结构产生动力响应，引起结构振动变形。至于地下结构，下层土的运动对整个地下结构产生力作用，地下结构大多随下层土一起运动。应力和应变效应是两种不同但又是等效的描述地震波作用的方法，在结构计算中，由于要决定下层土的运动作用在基础上的力十分困难，我们一般假定基础与下层土的运动一致。

4.1.2 建筑物对爆破振动的动力响应

1. 建筑物的运动方程

为了更好地对建筑物进行动力学分析，如图 4.1－1 所示，假定地震波为简谐波，并将建筑物简化为单自由度弹性系统，质量为 m，抵抗位移的弹性抗力由刚度为 k 的无重弹簧来提供，而耗散的能量机理用阻尼器 c 表示。$p(t)$表示随时间变化的外部荷载。

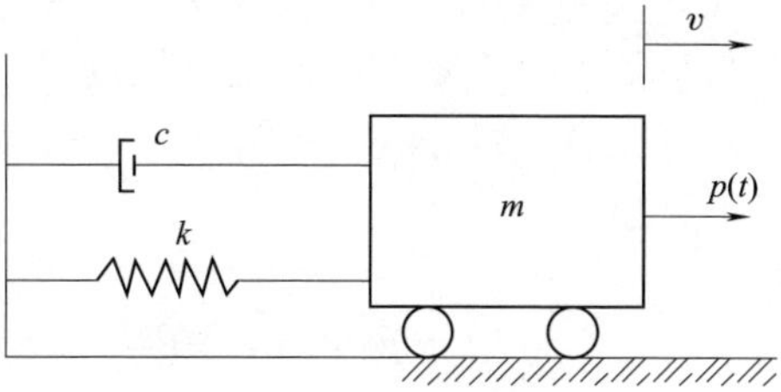

图 4.1-1　基本单自由度体系

地面振动规律为：

$$v(t)=v_{gm}\sin\omega t \tag{4.1-8}$$

其中，ω 为外部作用荷载频率，v_{gm} 为地面振动的最大位移。与式(4.1-8)相对应，地面振动加速度和地震力为：

$$\ddot{v}(t)=-\omega^2 v_{gm}\sin\omega t \tag{4.1-9}$$

$$p(t)=-m\ddot{v}(t)=-m\omega^2 v_{gm}\sin\omega t=-p_0\sin\omega t \tag{4.1-10}$$

建筑物的运动方程为：

$$\frac{d^2v}{dt^2}+2\xi\omega_0\frac{dv}{dt}+\omega_0^2 v=-\frac{p_0}{m}\sin\omega t \tag{4.1-11}$$

式中　p_0——荷载最大值；

ω_0——建筑物固有频率；

ξ——等效黏滞阻尼比。

方程(4.1-11)的补解如下，其中 ω_D 为阻尼振动频率：

$$v_c(t)=e^{-\xi\omega t}(A\cos\omega_D t+B\cos\omega_D t) \tag{4.1-12}$$

这种谐振荷载的特解为：

$$v_p(t)=G_1\sin\omega t+G_2\cos\omega t \tag{4.1-13}$$

因为阻尼体系的反应一般并不与荷载同相，因此必须包含第二项，将式(4.1-13)代入方程(4.1-11)，同时将 $\sin\omega t$ 的因子同 $\cos\omega t$ 的因子分离出来，即得：

$$[-G_1\omega^2 - G_2\omega(2\xi\omega_0) + G_1\omega_0^2]\sin\omega t = p_0/m\sin\omega t \tag{4.1-14}$$

$$[-G_1\omega^2 + G_1\omega(2\xi\omega_0) + G_2\omega_0^2]\cos\omega t = 0 \tag{4.1-15}$$

因为正弦项和余弦项等于零的时间是不同的，所以上述两式必须同时满足，消去三角函数表达式，归并同类项，联解此线性方程组，即可求得反应振幅系数：

$$G_1 = \frac{p_0}{k}\frac{1-\beta^2}{(1-\beta^2)^2 + (2\xi\beta)^2} \tag{4.1-16}$$

$$G_2 = \frac{p_0}{k}\frac{-2\xi\beta}{(1-\beta^2)^2 + (2\xi\beta)^2} \tag{4.1-17}$$

将这些表达式代入特解中，然后再与补解联合可得通解为：

$$v(t) = \mathrm{e}^{-\xi\omega t}(A\cos\omega_D t + B\cos\omega_D t) + \frac{p_0}{k}[(1-\beta^2)^2 + (2\xi\beta)^2]^{-1} \times [(1-\beta^2)\sin\omega t - 2\xi\beta\cos\omega t] \tag{4.1-18}$$

2. 地震波幅值对建筑物动力响应的影响

在方程(4.1-18)中的第一项表示对所作用荷载的瞬态反应，常数 A、B 可由任何给定的初始条件算出。但由于阻尼此项很快就消失了，故通常意义不大。第二项为与作用荷载频率相同相位不同的稳态反应。

合矢量 ρ 表示稳态反应的振幅：

$$\rho = \frac{p_0}{k}\cdot[(1-\beta^2)^2 + (2\xi\beta)^2]^{-1/2} \tag{4.1-19}$$

对上式进行讨论，当其他条件(ω、ω_0、ξ)不变时，建筑物有阻尼稳态反应振幅将取决于爆破振动的最大位移，即最大振幅，故爆破振动地震波的振幅对建筑物的影响是非常大的。

3. 地震波频率对建筑物动力响应的影响

合成反应振幅与 p_0 所引起的静位移的比值称为动力放大系数 D，即：

$$D = \frac{\rho}{p_0/k} = [(1-\beta^2)^2 + (2\xi\beta)^2]^{-1/2} \tag{4.1-20}$$

动力放大系数与频率比关系如图 4.1-2 所示。

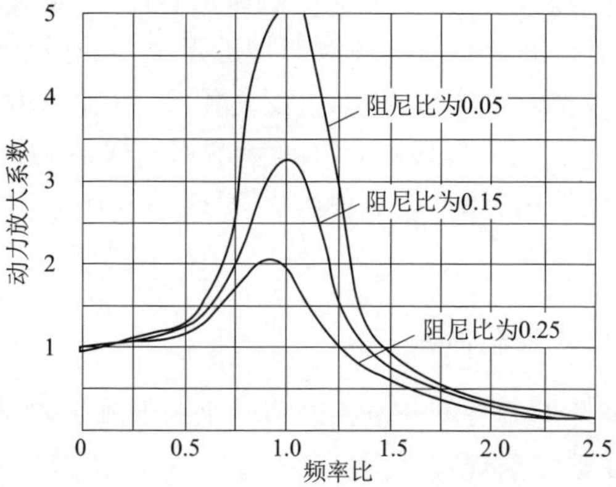

图 4.1-2　动力放大系数与频率比关系

由图中可以看出，当地表的振动频率比建筑物自振频率大得多，即频率比 $\beta=\omega/\omega_0\rightarrow\infty$ 时，$D\rightarrow 0$，这表明高频地震力作用下，结构振幅很小。由于爆炸地震频率比自然地震频率低，因此，在其他条件相同下，爆炸地震具有较小的破坏力。当地表的振动频率比建筑物自振频率小得多，即频率比 $\beta=\omega/\omega_0\rightarrow 0$ 时，$D\rightarrow 0$，这相当于静载作用情形。在这种情况下，近似把地震力的幅值看作静荷载来计算结构振幅。当地表的振动频率与建筑物自振频率接近时，即频率比 $\beta=\omega/\omega_0\rightarrow 1$，$D$ 增加很快，出现共振现象，建筑物振幅达到最大值。这表明当爆破地震频率与建筑物自振频率接近时，爆破地震具有较大的破坏力。由图中还可以看到阻尼系数对放大系数的最大值影响很大。

频率在建(构)筑物的结构响应中扮演着非常重要的角色，尤其是共振引起的破坏作用有时比爆破地震波其他参数造成的破坏严重得多，这点对于爆破工作者来说尤其需要特别注意。因此对于大小、方向相同，而频率不同的荷载输入，结构的响应不一样，与结构固有频率接近的荷载对结构的影响要比其他频率范围内的荷载大，因此在结构响应分析的时候必须考虑这一参数。

爆破地震波的危害主要包括爆破振动强度、爆破地震波的频率和震动持时。振动峰值越大、主频越接近建筑物的固有频率、持续作用时间越长，对建筑物的危害越大，反之相反。在模拟时这些因素相互制约，例如通过减少各段药量和增大起爆间隔时间来减小振动峰值，必然会增加作用时间，因此要综合考虑这些因素，才能取得好的效果。

4.1.3　爆破施工控制标准

制定爆破开挖的震动安全控制指标是确保施工安全的一项重要内容。我国爆破安全规程采用保护对象所在地质点峰值振动速度作为爆破振动判据的主要物理量指标。由于影响爆破振动效应的因素很多，包括爆破方法、炸药性能以及岩层地质特性等，因此很难只用一个公式把所有的因素都考虑进去。在大量爆破工程实测数据的基础上，国内外学者使用统计分析方法研究的结果表明：最大段炸药量、爆心距、岩体介质特性以及爆破场地条件等物理量能较好地反应爆破振动效应。其具体表达式为：

$$V = KQ^{n}R^{-m} \tag{4.1-21}$$

式中　V——质点振动速度(cm/s)；

Q——最大单响药量(kg)；

R——测点到爆源中心的距离；

K,m,n——与介质、爆破场地条件有关的系数和指数。

关于爆破振速预测公式，国内外有多种不同的表达式，具体如下：

(1)苏联科学院地球物理研究所的 M. A. 萨道夫斯基等以大量实测振动数据为基础，对集中药包的爆破振动效应进行了分析研究，总结出如下公式：

$$V = K\left(\frac{Q^{m}}{R}\right)^{\alpha} \tag{4.1-22}$$

式中　m——药量指数；

K——与爆破场地条件有关的衰减系数；

α——与地质条件有关的衰减指数；

其他符号与前述相同。

(2)杜帮公司编纂的爆破手册中介绍的介质质点爆破振速的经验公式：

$$V = KQ^{M}R^{-N} \tag{4.1-23}$$

式中　M,N——与介质、爆破条件有关的参数；

其余各符号同前。

美国矿务局(USBM)在 Nicholls 等人研究基础上，提出了参数 M 等于参数 N 的 1/2，上式可以表示为：

$$V = K\left(\frac{R}{\sqrt{Q}}\right)^{\alpha} \tag{4.1-24}$$

(3)Grandell 等人研究认为，可以将爆破质点峰值振速用每段炸药产生的爆炸能函数表示出来，爆炸产生的能量与质点峰值振速的平方成正比：

$$V = K\left(\frac{\sqrt{E}}{R}\right)^{\alpha} \tag{4.1-25}$$

式中　E——炸药爆炸产生的能量；

其余符号意义同前。

(4)1973 年，瑞典 Langefors 和 Kihlstron 经过研究认为，爆破质点振动速度可表示成如下形式：

$$V = K\left(\sqrt{\frac{Q}{R^{1.5}}}\right)^{\alpha\sqrt{\frac{Q}{R^{1.5}}}} \tag{4.1-26}$$

式中　各符号意义同前。

(5)1983 年，Ghosh 和 Daemen 提出了如下经验公式：

$$V = K\left(\frac{Q^{0.5}}{R}\right)^{\alpha}\mathrm{e}^{-PR} \tag{4.1-27}$$

式中 P——衰减指数；

其余各符号意义同前。

(6)1991 年，Palroy 提出了下列计算公式：

$$V = n + K\left(\frac{Q^{0.5}}{R}\right) \tag{4.1-28}$$

式中 K，n——拟合参数；

其余各符号意义同前。

(7)日本的常用经验公式如下：

$$V = \frac{cQ^{0.75}}{R^2} \tag{4.1-29}$$

式中 c——与爆破条件有关的系数，露天爆破时 $c=100$，隧道爆破时 $c=300$；

其余各符号意义同前。

(8)Lundborg、Holmberg 和 Persson 提出了如下计算公式：

$$V = KQ^{\alpha}R^{\beta} \tag{4.1-30}$$

(9)中科院地球物理研究所的研究人员在石英砂岩、花岗岩以及页岩的冲击等地质条件下进行了试验，并在 1962 年提出了垂向振动速度传播衰减的计算公式：

$$\lg V = K + 0.61\text{g}Q - 1.81\lg R \tag{4.1-31}$$

我国规范按下式计算爆破时产生的地面质点峰值振动速度：

$$V = K\left(\frac{Q^{1/3}}{R}\right)^{\alpha} \tag{4.1-32}$$

式中 V——地面质点峰值振动速度(cm/s)；

Q——炸药量(kg)；齐发爆破为总药量，延迟爆破为最大一段药量；

R——观测(计算)点到爆源的距离(m)；

K，α——与爆破点至计算点间的地形、地质条件有关的系数和衰减指数，可按表 4.1-1 选取，也可通过类似工程选取或现场试验确定。

表 4.1-1　爆区不同岩性的 K、α 值与岩性的关系

岩性	K	α
坚硬岩石	50～150	1.3～1.5
中硬岩石	150～250	1.5～1.8
软岩石	250～350	1.8～2.0

我国《爆破安全规程》(GB 6722—2003)规定:地面建筑物的爆破振动判据,采用保护对象所在地质点峰值振动速度和主振频率;水工隧道、交通隧道、矿山巷道、电站(厂)中心控制室设备、新浇大体积混凝土的爆破振动判据,采用保护对象所在地质点峰值振动速度。爆破振动安全允许标准见表 4.1-2。

表 4.1-2　爆破振动安全允许标准

序号	保护对象类别	安全允许振速(cm/s)		
		<10 Hz	10～50 Hz	50～100 Hz
1	土窑洞、土坯房、毛石房屋[a]	0.5～1.0	0.7～1.2	1.1～1.5
2	一般砖房、非抗震的大型砌块建筑物[a]	2.0～2.5	2.3～2.8	2.7～3.0
3	钢筋混凝土结构房屋[a]	3.0～4.0	3.5～4.5	4.2～5.0
4	一般古建筑与古迹[b]	0.1～0.3	0.2～0.4	0.3～0.5
5	水工隧道[c]	7～15		
6	交通隧道[c]	10～20		
7	矿山巷道[c]	15～30		
8	水电站及发电厂中心控制室设备	0.5		

续上表

序号	保护对象类别	安全允许振速(cm/s)		
		<10 Hz	10～50 Hz	50～100 Hz
9	新浇大体积混凝土[d] 龄期:初凝～3 d 龄期:3～7 d 龄期:7～28 d	 2.0～3.0 3.0～7.0 7.0～12		

注:1. 表列频率为主振频率,系指最大振幅所对应波的频率。

2. 频率范围可根据类似工程或现场实测波形选取。选取频率时亦可参照下列数据:洞室爆破<20 Hz;深孔爆破 10～60 Hz;浅孔爆破 40～100 Hz。

a 选取建筑物安全允许振速时,应综合考虑建筑物的重要性、建筑质量、新旧程度、自振频率、地基条件等因素。

b 省级以上(含省级)重点保护古建筑与古迹的安全允许振速,应经专家论证选取,并报相应文物管理部门批准。

c 选取隧道、巷道安全允许振速时,应综合考虑构筑物的重要性、围岩状况、断面大小、埋深大小、爆源方向、地震振动频率等因素。

d 非挡水新浇大体积混凝土的安全允许振速,可按本表给出的上限值选取。

根据区间隧道实际情况,爆破振速控制标准为:地面房屋的爆破振速为 1.0～1.5 cm/s,开挖工作后 5 m 外隧道支护内爆破振速为 15 cm/s。类似工程爆破试验显示,居民对 1.2 cm/s 的爆破速度能够承受,对于大于 1.2 cm/s 的爆破速度,许多居民表现出担心和恐慌,由此,将房屋的控制爆破速度限为 1.0 cm/s。

4.2　联络线隧道爆破对既有建(构)筑物的影响

4.2.1　爆破荷载

根据爆炸原理,炸药在岩石内爆炸产生大量气体,体积急剧膨胀,化学能转化为气体的膨胀机械能对外做功,在实际工程应用中,炮孔爆轰压力采用半经验半理论的三角形爆破荷载或指数衰减型爆破荷载进行模拟为主,本书数值模拟采用三角形荷载。假设爆破荷载以压力的形式均匀地作用于隧道洞壁上，方向垂直于洞壁，冲击荷载曲线典型的升压时间为8～12 ms，卸载时间为80～100 ms，本次计算升压时间t_0为12 ms，卸载结束时间t_s取为80 ms，总计算时间t取为2 s。

爆破荷载的应力峰值P_{max}采用如下公式求解：冲击波的初始峰值压力就是爆轰波作用在岩石上的最初压力，对于一个装药炮孔，炮孔上受到的初始波峰压力由式(4.2－1)计算而得。

$$P_t=\frac{2\rho_r\cdot C_{cr}}{\rho_r\cdot C_{cr}+\rho_0\cdot D_0}P_0 \tag{4.2-1}$$

式中　P_t——岩体冲击波的初始波峰压力；

ρ_r——岩体的密度；

C_{cr}——岩体中纵波波速；

ρ_0——炸药密度；

D_0——炸药爆速；

P_0——炸药的爆轰压力，$P_0=\frac{\rho_0\pi D_0^2}{4}$。

根据相关文献[33-35]，对于Ⅱ级围岩，$P_{max}=10$ MPa；Ⅲ级围岩，$P_{max}=6.657$ MPa；Ⅳ级围岩，$P_{max}=3.564$ MPa；Ⅴ级围岩，$P_{max}=0.307$ MPa。依据深圳地铁5号线和7号线的联络线地质情况，取爆破开挖进尺为1 m，作用在建筑物所在位置的中间断面，爆破荷载应力峰值取为0.25 MPa、0.5 MPa、0.75 MPa和1 MPa四种情况，通过计算讨论联络线爆破荷载控制值。

4.2.2　模型边界与阻尼

爆破计算与第三章开挖模型相似，计算时采用三维人工黏弹性边界来消除边界对计算域的影响，它能克服普通黏弹性边界引起的低频漂移，模拟人工边界外半无限介质弹性恢复功能，具有良好的稳定性。其边界可以等效为并联弹簧与阻尼器系统，其中切向与法向的弹簧刚度和阻尼系数按照式(4.2－2)和式(4.2－3)进行计算。

$$K_{BT}=\alpha_T G/(RC_{BT})=\rho C_S \tag{4.2-2a}$$

$$K_{BN}=\alpha_N G/(RC_{BN})=\rho C_P \quad (4.2-2b)$$

式中　K_{BT},K_{BN}——弹簧法向与切向刚度；

C_{BT},C_{BN}——阻尼器法向与切向的阻尼系数；

R——波源至人工边界点的距离；

C_S,C_P——S 波和 P 波波速；

G——介质剪切模量；

ρ——介质质量密度；

α_T,α_N——切向与法向黏弹性人工边界修正系数。

计算采用 Rayleigh 阻尼，其假设阻尼矩阵是质量矩阵和刚度矩阵的线性组合，表示如下：

$$[C]=\alpha[M]+\beta[K] \quad (4.2-3)$$

式中　$[C]$——阻尼矩阵；

$[M]$——质量矩阵；

$[K]$——刚度矩阵；

α——质量阻尼常数；

β——刚度阻尼常数，其值应根据体系的自振频率和阻尼比确定。

4.3　衬砌结构动力响应分析

在离开挖断面 5 m 处隧道衬砌上设置如图 4.3-1 所示的 8 个点，分析爆破作用下衬砌结构的动力响应。

以西丽幼儿园计算结果为例分析衬砌结构的动力响应，提取爆破荷载为 0.25 MPa 时，衬砌各监测点不同方向的振速随时间变化曲线绘制于图 4.3-2 中。

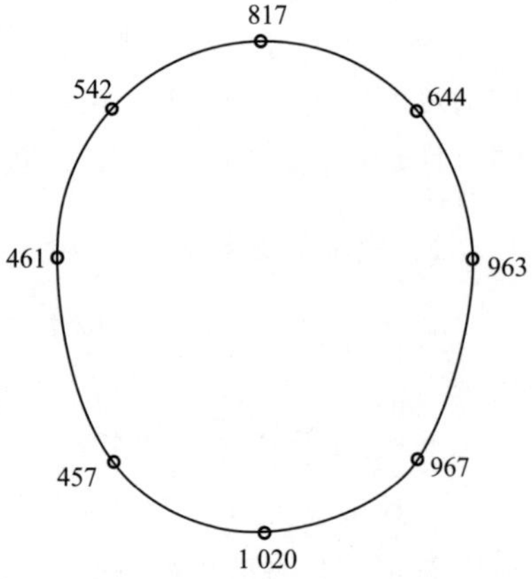

图 4.3-1　隧道衬砌监测点布置图

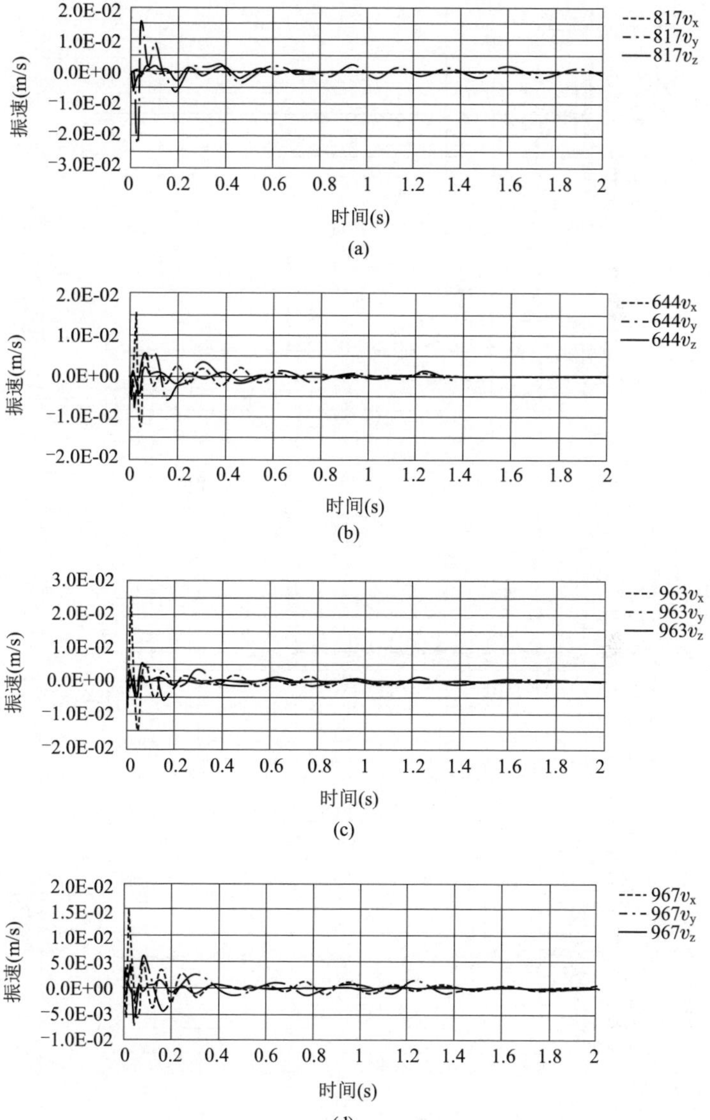

图 4.3-2　隧道衬砌各测点振速曲线

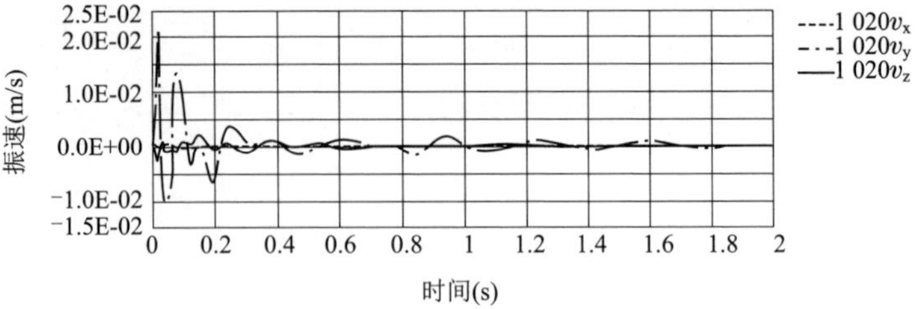

(e)

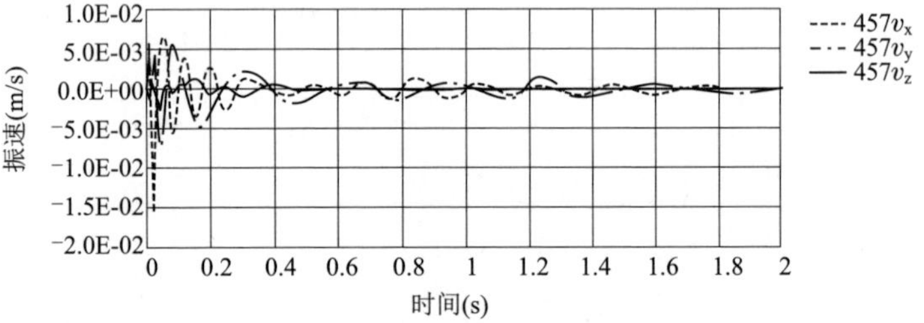

(f)

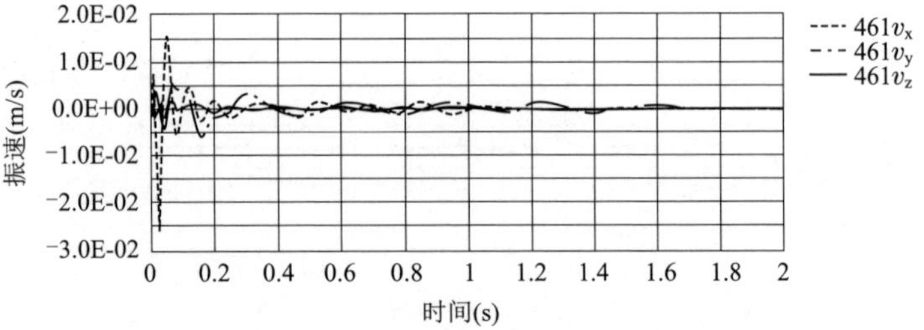

(g)

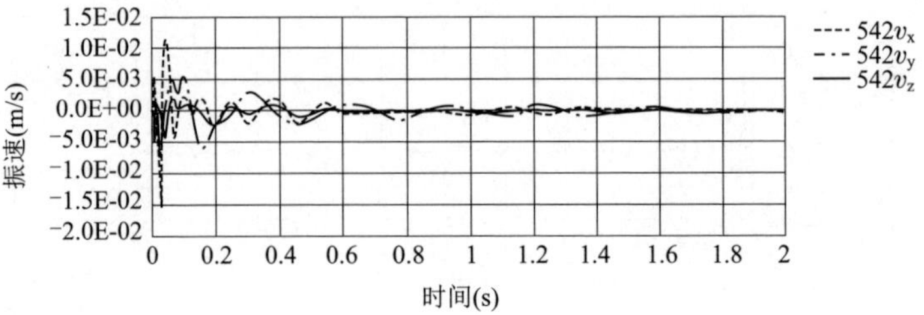

(h)

图 4.3－2　隧道衬砌各测点振速曲线(续)

从图 4.3－2 可以看出,各测点振动速度在短时间内达到最大,但隧道衬砌上各测点所处位置不同,各方向的振速大小均不相同。在隧道拱顶(测点 817)和拱底(测点 1020)处竖向振速较大,其最大振速为 2.3 cm/s,而拱腰(测点 963、461)处水平振速较大,最大振速为 2.6 cm/s,两侧拱肩和拱脚处的振速主要以水平方向为主,其最大振速小于拱顶和拱底,这与荷载作用情况下应力波的传播相一致,振速分布大致上关于隧道中线成对称分布。表 4.3 中数据显示,衬砌振速最大值随爆破荷载增大而增加,在所计算的 4 种爆破荷载条件下,距离爆破面 5 m 处的衬砌振速最大值为 10.5 cm/s,均满足控制标准。

表 4.3　不同爆破荷载下隧道衬砌振速最大值

P_{max}(MPa)	0.25	0.5	0.75	1
V_{max}(cm/s)	2.6	5.3	7.8	10.5

4.4　地表建筑动力响应分析

4.4.1　壮丽商厦

同样以爆破峰值应力荷载 0.25 MPa 为例,为方便对比,设置如图 4.4－1 所示三条监测线,共 13 个测点来监测房屋结构不同位置的动力响应情况。

由于测点较多,仅列测线 1-1 中测点不同方向的振速曲线如图 4.4－2所示,可以看出,各测点不同方向振速中竖向(y 方向)振速最大,z 方向(隧道轴线方向)次之,x 方向最小。随着房屋高度的增加,各层楼测点振速值差别不大,最大振速出现在房屋第二层,最大值为 0.78 cm/s,从第二层往上振速值有小幅减少。

测线 1-2 和测线 1-3 中各测点的不同方向最大振速变化曲线如图 4.4－3 和图 4.4－4 所示。从图中可知,整体上绝大多数测点中竖向振速大于水平向和轴向振速，且随着距离爆破作用面越远，最大振速逐渐减小。由此可见，在该段区域对建筑物进行监测时可使用竖向振速作为爆破振速的控制指标。

图 4.4-1　壮丽商厦监测点布置

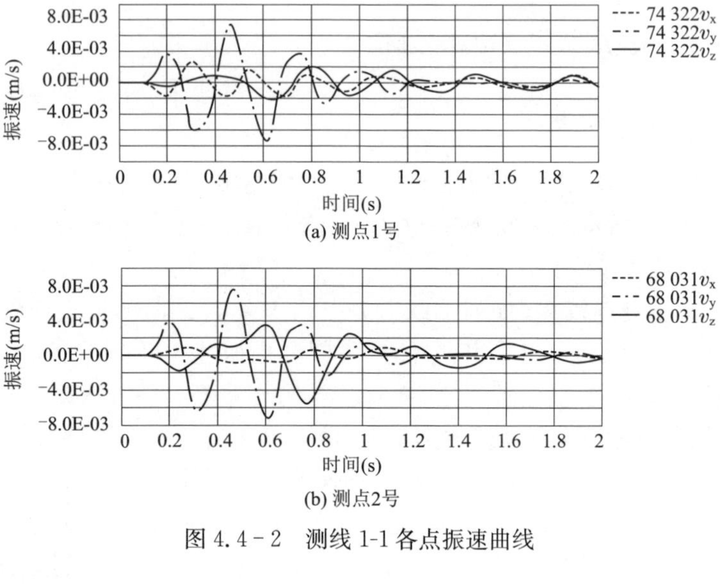

(a) 测点1号

(b) 测点2号

图 4.4-2　测线 1-1 各点振速曲线

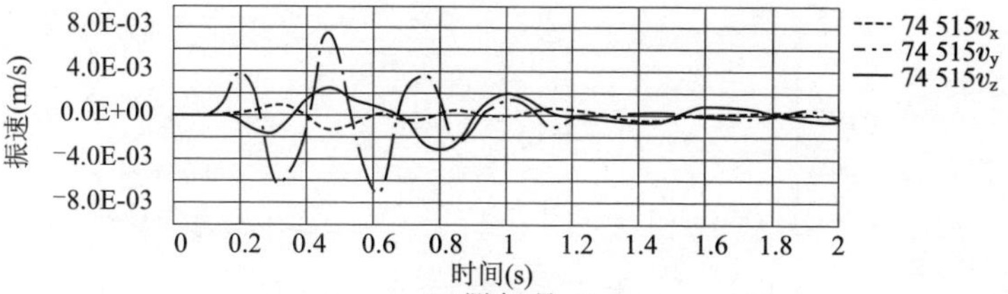

(c) 测点3号

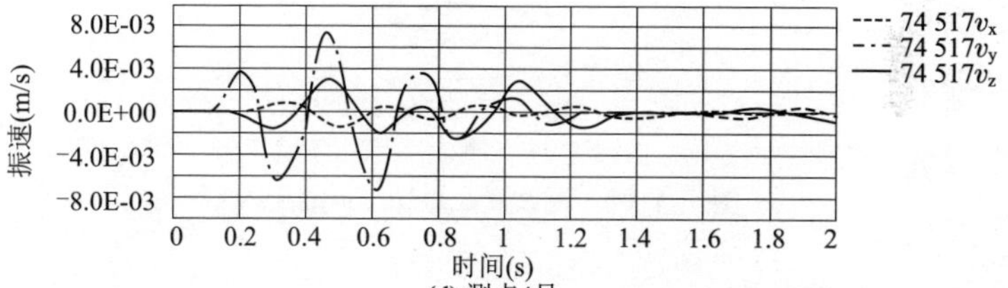

(d) 测点4号

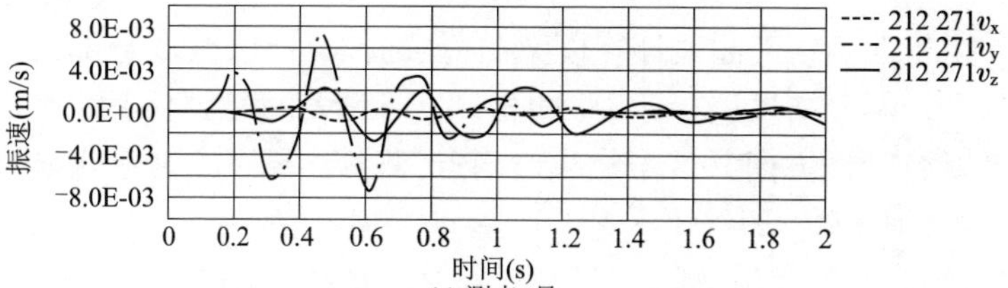

(e) 测点5号

图 4.4－2　测线 1-1 各点振速曲线(续)

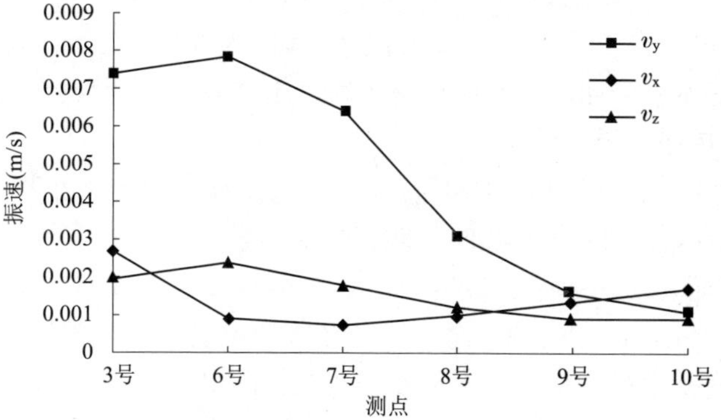

图 4.4－3　测线 1-2 振速变化曲线

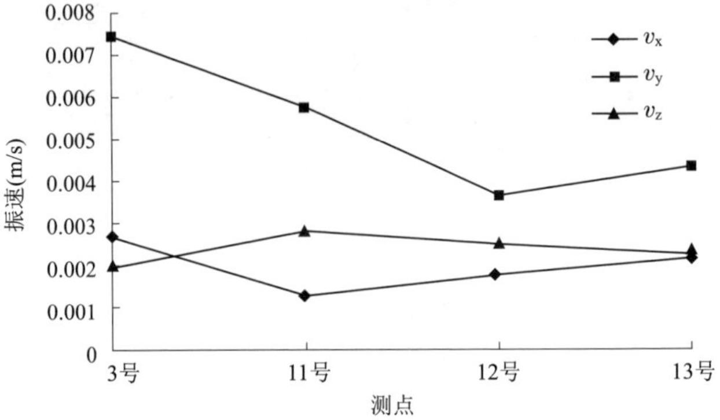

图 4.4－4　测线 1-3 振速变化曲线

4.4.2　西丽幼儿园

由于西丽幼儿园段计算模型和荷载的对称性，截取上部建筑结构的右半部分结果进行分析，如图 4.4－5 所示，设置竖向、水平方向以及隧道轴线方向共 8 个结果监测点，监测房屋下方隧道爆破开挖对结构的影响。测线 2-1 上 3 个测点的振速随时间的变化曲线如图 4.4－6所示，其中测点 1 号和 3 号中 z 方向振速最大，测点 2 号中 y 方向振速最大，从整体上看，随着高度的增加，x 方向振速逐渐减小至甚微，而 y、z 方向振速没有显示出明显的放大效应，反而在房屋底部即测点 1 号处取得最大振速，其值为 0.27 cm/s。推测其原因，可能是由于西丽幼儿园桩基础埋入土体较深，应力波在土体和房屋结构传播差异所致。

测线 2-2 中各测点的不同方向最大振速变化曲线如图 4.4－7 所示，测线 2-3 振速变化曲线如图 4.4－8 所示。在所有测点中取得最大振速为 0.9 cm/s，推测其原因，可能是由于测点 6 号、7 号为爆破荷载作用面的正上方，而测点 7 号所处位置方为开挖掌子面的前方，没有隧道衬砌结构的阻挡作用所致。值得注意的是，在小部分测点中出现 z 方向振速大于 y 方向振速的情况，故实际监测时振速的方向不能局限于竖向，应对三个方向加以监测。

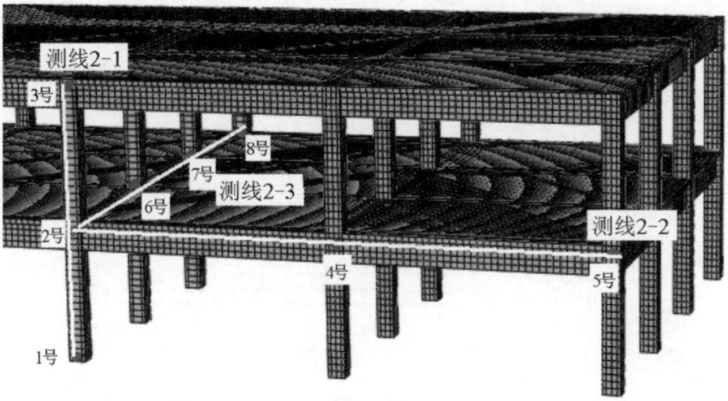

图 4.4－5　西丽幼儿园监测点布置

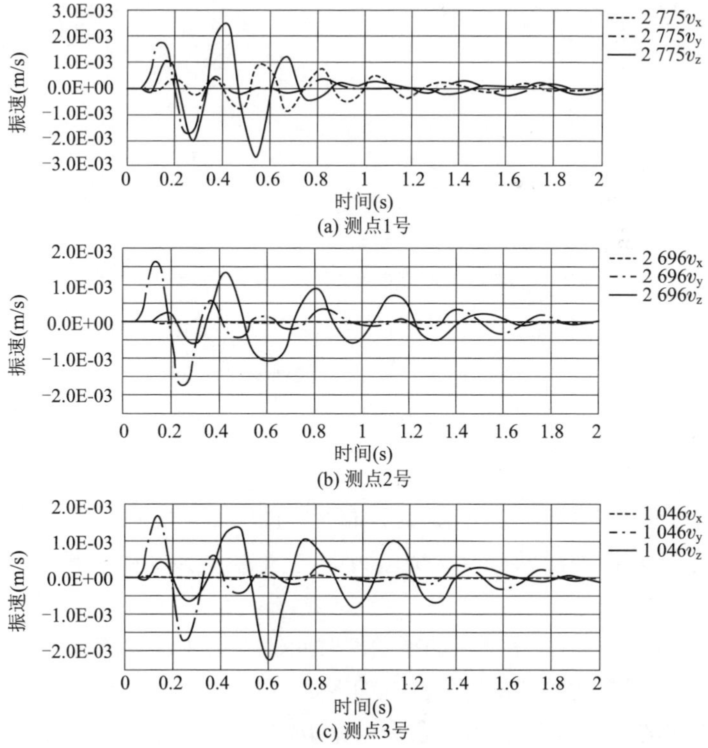

(a) 测点1号

(b) 测点2号

(c) 测点3号

图 4.4－6　测线 2-1 各点振速曲线

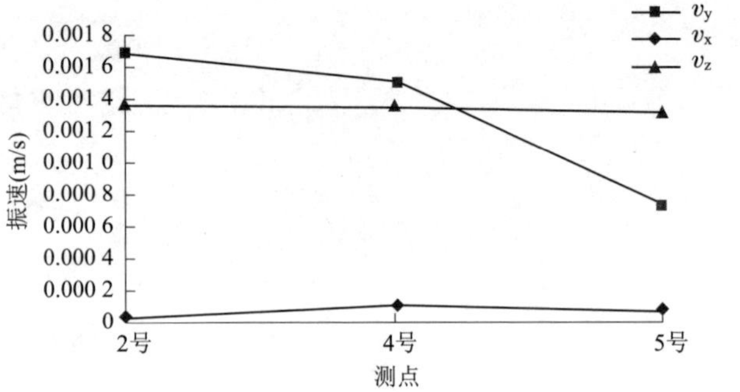

图 4.4－7　测线 2-2 振速变化曲线

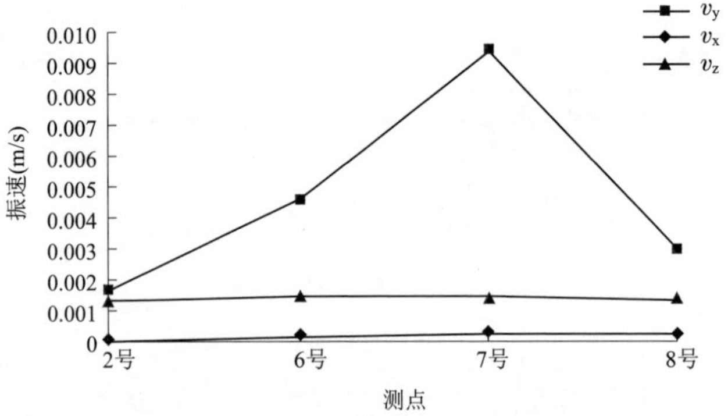

图 4.4－8　测线 2-3 振速变化曲线

4.4.3　留 仙 苑

留仙苑上部建筑振速监测点布置如图 4.4－9 所示，因留仙苑楼层较高，竖向方向两层取一个监测点，整个模型共 3 条监测线，10 个振速监测点。

测线 3-1 上 3 个测点的振速随时间的变化曲线如图 4.4－10 所示，由于建筑物距离隧道开挖断面较远，房屋上各监测点的振速在三个方向的分量都大致相当，没有一个方向出现绝对最大。整体上看，随着房屋高度的增加，各测点的最大振速呈现出放大效应，最大振速出现在房屋顶部,最大值为 0.15 cm/s。因此,在现场监控中,房屋顶层应作为监测重点。

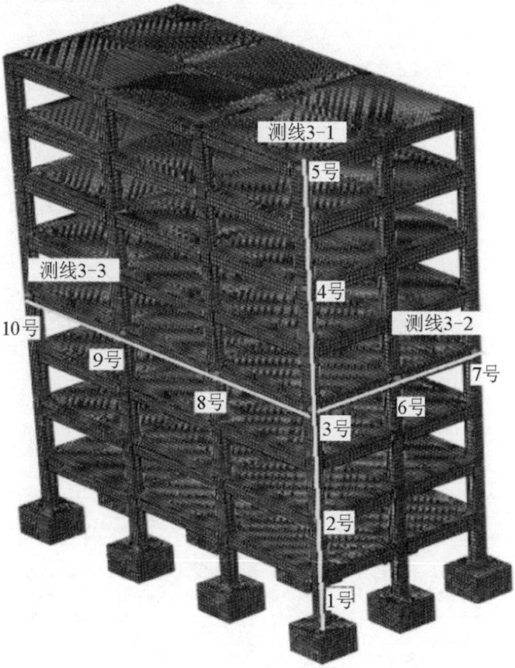

图 4.4-9　留仙苑监测点布置

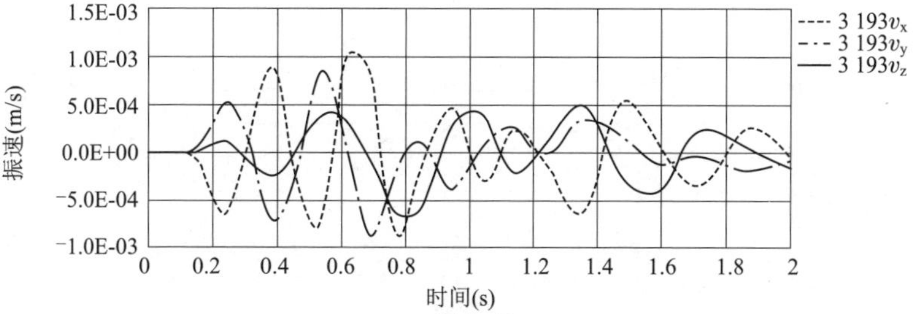

(a) 测点1号

图 4.4-10　测线 3-1 各点振速曲线

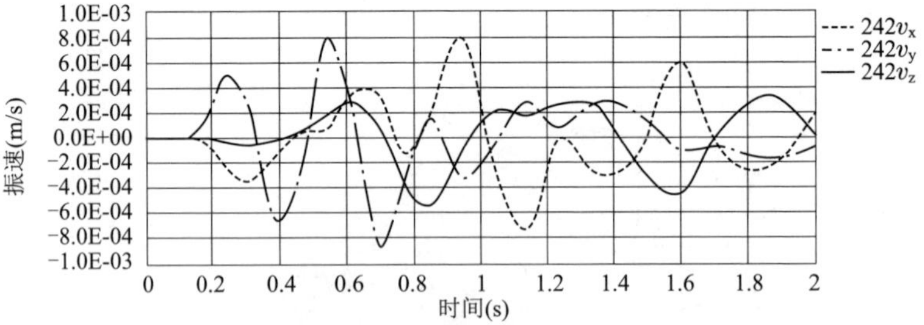

(b) 测点2号

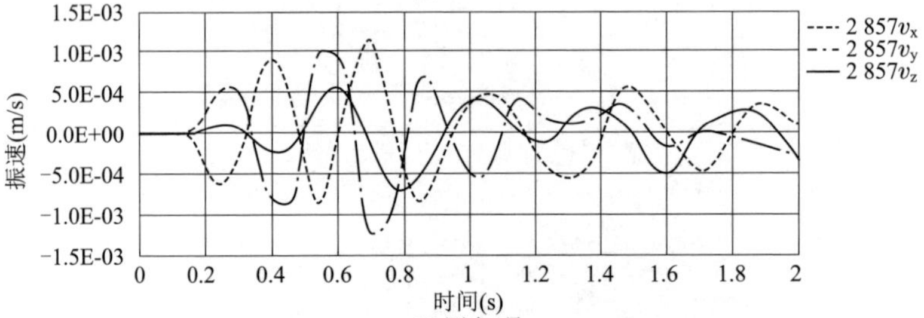

(c) 测点3号

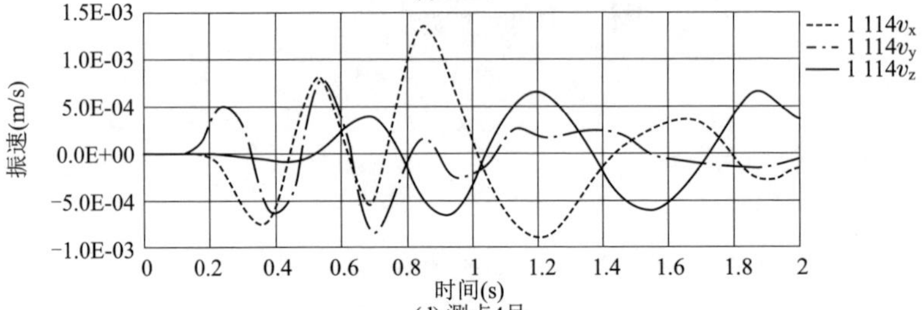

(d) 测点4号

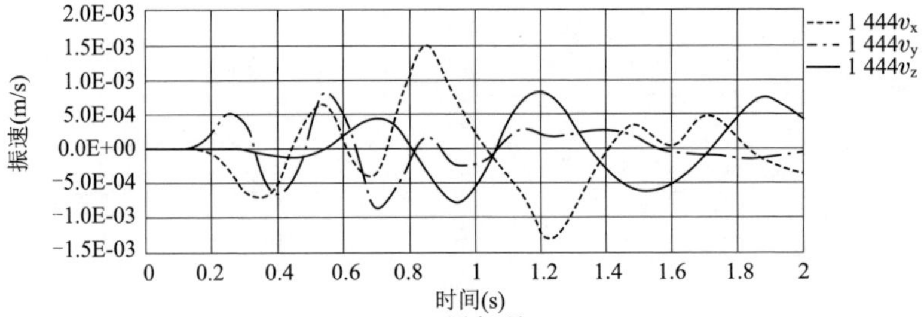

(e) 测点5号

图 4.4－10　测线 3-1 各点振速曲线(续)

测线 3-2 中各测点的不同方向最大振速变化曲线如图 4.4－11 所示，测线 3-3 的振速变化曲线如图 4.4－12 所示。从图中可以看出，沿测线 3-2 上各测点 y 方向振速较大，测线 3-3 上各测点 x 方向振速较大，且随着各方向距离的增大，测点各方向振速值逐渐趋于靠近，整体上两条测线上测点振速值均很小，振速最大值为 0.12 cm/s。

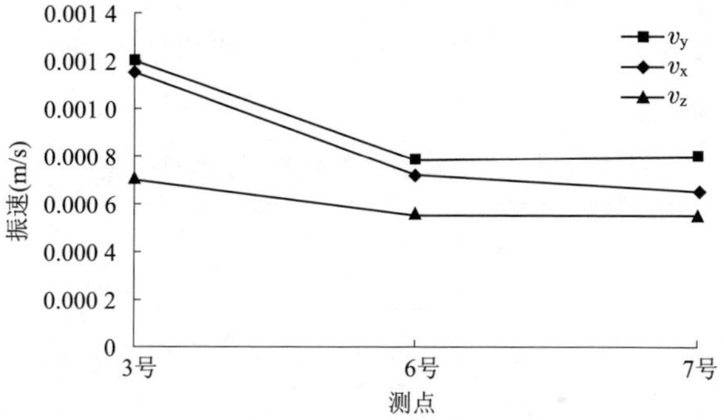

图 4.4－11　测线 3-2 振速变化曲线

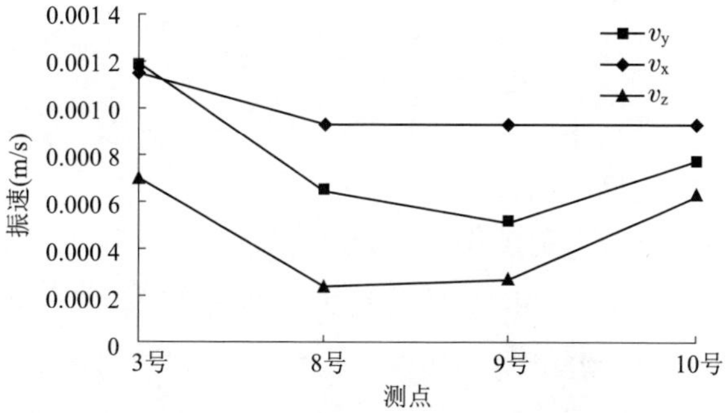

图 4.4－12　测线 3-3 振速变化曲线

将不同爆破荷载情况下各房屋的最大振速列于表 4.4 中。在壮丽商厦和西丽幼儿园段，当爆破荷载超过 0.25 MPa 时，房屋的振速将超过爆破控制振速；而留仙苑因距离爆破开挖面较远，受到爆破荷载影响较小，当峰值荷载为 1 MPa 时，房屋与衬砌的振速均在控制范围内。故当隧道正穿或部分下穿建筑物时，建议爆破荷载峰值控制在 0.25 MPa；当隧道与建筑物距离较远时，爆破峰值荷载可适当放宽，控制在 1 MPa 内。根据式(4.4)爆破荷载的应力峰值 P_{max} 经验公式，取爆心至荷载作用面距离为 3 m，反算出隧道正穿或部分下穿建筑物(壮丽商厦、西丽幼儿园和留仙宾馆)时最大装药量为 1.2 kg，隧道侧穿建筑物(西丽街道办和留仙苑)时最大装药量为 7.08 kg。

表 4.4　不同荷载下各房屋的振速最大值

爆破荷载 P_{max} (MPa)	最大振速(cm/s)		
	壮丽商厦	西丽幼儿园	留仙苑
0.25	0.78	0.94	0.15
0.5	1.67	2.01	0.32
0.75	2.61	3.14	0.49
1	3.62	4.36	0.68

$$P_{max} = \frac{139.97}{Z} + \frac{844.81}{Z^2} + \frac{2\,154}{Z^3} - 0.803\,4 \tag{4.4}$$

$$Z = R^*/Q^{1/3}$$

式中　Z——比例距离；

R^*——爆心至荷载作用面的距离(m)；

Q——炸药量(kg)；齐发爆破时取总装药量，分段起爆时取最大段装药量。

4.5 小　结

本章进行了联络线下穿不同类型房屋爆破施工动力响应研究，分析不同大小的爆破作用对隧道衬砌结构以及地表建筑的影响。计算结果表明，在隧道拱顶和拱底处竖向振速较大，而拱腰处水平振速较大，两侧拱肩和拱脚处的振速主要以水平方向为主，其最大振速小于拱顶和拱底，这与荷载作用情况下应力波的传播相一致，振速分布大致上关于隧道中线成对称分布。在房屋结构中，当楼层较高时，绝大部分结构竖向振速较大，且随着层数增加呈现出小幅增长，监测时可将顶层作为监测重点；当建筑楼层较低时，三个方向振速也大致相当，实际施工时应对三个方向加以监测，其最大振速点不一定在楼顶取得，可能存在在建筑物楼底部位，实际监测时可将建筑物底部 1～2 层作为监测重点。

在壮丽商厦和西丽幼儿园段，当爆破荷载超过 0.25 MPa 时，房屋的振速将超过爆破控制振速；而留仙苑因距离爆破开挖面较远，受到爆破荷载影响较小，当峰值荷载为 1 MPa 时，房屋与衬砌的振速均在控制范围内。故当隧道正穿或部分下穿建筑物时，建议爆破荷载峰值控制在 0.25 MPa；当隧道与建筑物距离较远时，爆破峰值荷载可适当放宽，控制在 1 MPa 内。根据经验公式反算出隧道正穿或部分下穿建筑物(壮丽商厦、西丽幼儿园和留仙宾馆)时最大装药量为 1.20 kg，隧道侧穿建筑物(西丽街道办和留仙苑)时最大装药量为 7.08 kg。

第 5 章　联络线隧道交叉口施工力学分析

5.1　施工力学分析理论

早期由于计算机发展水平的限制，对隧道交叉区段进行三维有限元数值模拟比较少，近年来随着计算机硬件和软件的发展，这一问题得到解决，因此在实际工程中，对于交叉段这类空间问题的分析，仍然以数值模拟分析为主。

当采用有限元分析软件时，同样要选择合适的本构模型，岩土的应力—应变关系通常分弹性和塑性两个阶段。在岩石三轴试验结果中：岩土体本构关系在中等围压条件下，接近于理想弹塑性；而洞室在开挖过程中，其受力特征相当于中等围压，因而常把围岩作为理想弹塑性介质来对待，岩土体的应力—应变曲线如图 5.1－1 所示。

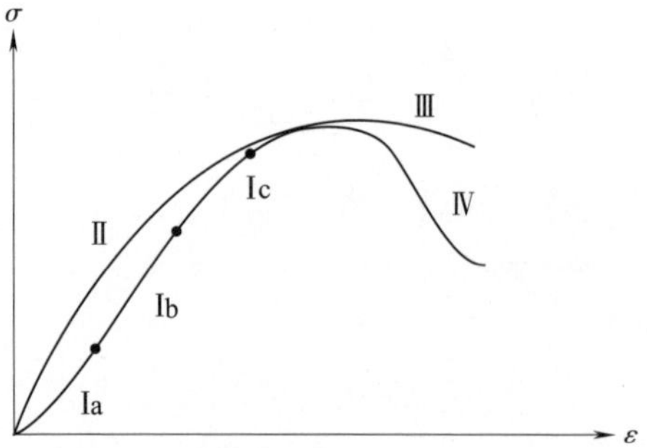

图 5.1－1　岩土体的应力—应变曲线

从图 5.1－1 中可以看出岩体的强度比土体的强度大得多，所以图中纵坐标对岩体和土体实际上有不同的比例。岩体的应力—应变曲线一般为Ⅰ线，其中Ⅰa 段稍微向上弯曲，Ⅰb 段接近于直线，Ⅰc 段则呈现向下的弯曲。因应力—应变曲线的Ⅰa 和Ⅰb 段接近线弹性关系(约占Ⅰ线的三分之二)，故对大多数岩体，当应力水平较低时可近似按线弹性本构关系进行分析。土体的应力—应变曲线一般为Ⅱ线，该线为呈现向下弯曲的曲线仅当应力水平很低时才接近直线，Ⅲ线表示岩土材料塑性变形发展后的主要应变形态，Ⅳ线表示岩石呈现脆性破坏状态。

从弹性力学基本理论得到空间问题的静力平衡方程：

$$\left.\begin{aligned}\frac{\partial\sigma_x}{\partial x}+\frac{\partial\tau_{xy}}{\partial y}+\frac{\partial\tau_{xz}}{\partial z}+X=0\\\frac{\partial\tau_{yx}}{\partial x}+\frac{\partial\delta_y}{\partial y}+\frac{\partial\tau_{yz}}{\partial z}+Y=0\\\frac{\partial\tau_{zx}}{\partial x}+\frac{\partial\tau_{zy}}{\partial y}+\frac{\partial\sigma_z}{\partial z}+Z=0\end{aligned}\right\}\tag{5.1-1}$$

几何方程：

$$\left.\begin{aligned}\varepsilon_x&=\frac{\partial u}{\partial x}\\\varepsilon_y&=\frac{\partial v}{\partial y}\\\varepsilon_z&=\frac{\partial w}{\partial z}\\\gamma_{xy}&=\frac{\partial v}{\partial x}+\frac{\partial u}{\partial y}\\\gamma_{yz}&=\frac{\partial w}{\partial y}+\frac{\partial v}{\partial z}\\\gamma_{zx}&=\frac{\partial u}{\partial z}+\frac{\partial w}{\partial x}\end{aligned}\right\}\tag{5.1-2}$$

物理方程：

$$\left.\begin{aligned}\varepsilon_x &= \frac{1}{E}[\sigma_x - \mu(\sigma_y + \sigma_z)]\\ \varepsilon_y &= \frac{1}{E}[\sigma_y - \mu(\sigma_z + \sigma_x)]\\ \varepsilon_z &= \frac{1}{E}[\sigma_z - \mu(\sigma_x + \sigma_y)]\\ \gamma_{xy} &= \frac{2(1+\mu)}{E}\tau_{xy}\\ \gamma_{yz} &= \frac{2(1+\mu)}{E}\tau_{yz}\\ \gamma_{zx} &= \frac{2(1+\mu)}{E}\tau_{zx}\end{aligned}\right\} \tag{5.1-3}$$

应力边界条件：

$$\left.\begin{aligned}l\sigma_x + m\tau_{xy} + n\tau_{xz} &= \bar{X}\\ l\tau_{yx} + m\sigma_y + n\tau_{yz} &= \bar{Y}\\ l\tau_{zx} + m\tau_{zy} + n\sigma_z &= \bar{Z}\end{aligned}\right\} \tag{5.1-4}$$

位移边界条件：

$$\left.\begin{aligned}u_s &= \bar{u}\\ v_s &= \bar{v}\\ w_s &= \bar{w}\end{aligned}\right\} \tag{5.1-5}$$

在弹塑性的数值计算中，结构静力平衡方程和变形几何方程仍然如式(5.1-1)、式(5.1-2)所示，但是围岩材料的本构关系采用Drucker-Prager模型。DP模型的屈服准则实际上是对Mohor-Colomb屈服准则的一种近似，其屈服面并不随着材料逐渐屈服而改变，因此没有强化准则，然而其屈服强度随着侧限压力(静水压力)的增加而相应增加。另外，这种材料考虑了由于屈服而引起的体积膨胀，但不考虑温度变化的影响。DP材料的材料特性值由三个值确定：黏聚力 C、内摩擦角 δ 和膨胀角 δ_f。膨胀角 δ_f 是用来控制体积膨胀率，对压实的颗粒状材料，当材料受剪时，颗粒将会膨胀；如果膨胀角 δ_f 为 0，则不会发生体积膨胀。如果 $\delta_f=\delta$ 在材料中将会发生严重的体积膨胀，一般说来，$\delta_f=0$ 是一种比较保守的方法。

对 DP 材料，其受压时的屈服强度要大于受拉时的屈服强度。如果已有单轴受拉屈服应力和单轴受压屈服应力，可以通过下式将此二值转换成计算程序所需的输入值：

$$\left.\begin{aligned}\phi &= \arcsin\left[\frac{\sqrt[3]{3}\beta}{2+\sqrt{3}\beta}\right]\\ C &= \frac{\sigma_y\sqrt{3}\,(3-\sin\varphi)}{6\cos\varphi}\end{aligned}\right\} \tag{5.1-6}$$

上式中，材料常数 β 和屈服强度 σ_y 的计算式分别为：

$$\beta=\frac{\sigma_c-\sigma_t}{\sqrt{3(\sigma_c+\sigma_t)}} \tag{5.1-7}$$

$$\sigma_y=\frac{2\sigma_c\sigma_t}{\sqrt{3(\sigma_c+\sigma_t)}} \tag{5.1-8}$$

对 DP 材料，其屈服准则等效应力的表达式为：

$$\sigma_e=3\beta\sigma_m+\left[\frac{1}{2}\,\{S\}^{\mathrm{T}}[M]\{S\}\right]^{\frac{1}{2}} \tag{5.1-9}$$

对 DP 材料，当材料参数 β 和 σ_y 给定后，其屈服面为一圆锥面，此圆锥面是正六角形的摩尔-库仑屈服面的外切锥面，如图 5.1-2 所示。

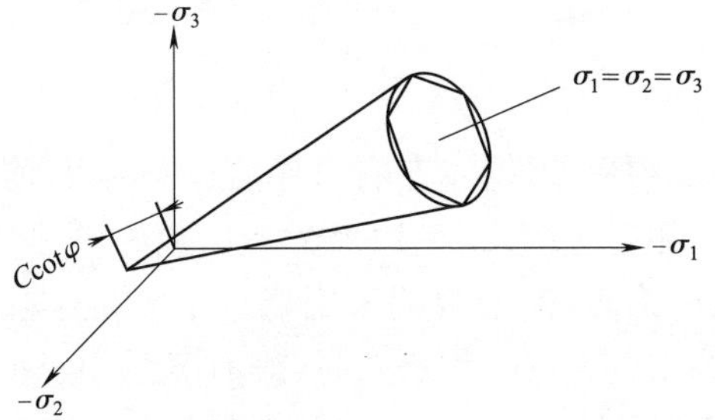

图 5.1-2　DP 和 Mohr-Coulomb 屈服面

5.2　不同交叉角隧道施工力学行为分析

5.2.1　模型建立

1. 计算范围

采用 ABAQUS 进行数值模拟，考虑实际工程中隧道的断面并非圆形，且侧压系数不等于 1 等因素以及有限元离散误差，本数值分析中埋深取实际埋深，其他边界近似取 5 倍洞径，选取的计算范围详见图 5.2-1。计算模型尺寸一致，纵向总长即 Z 方向，均为 100 m，宽即 X 方向均 80 m，高即 Y 方向均为 60 m。

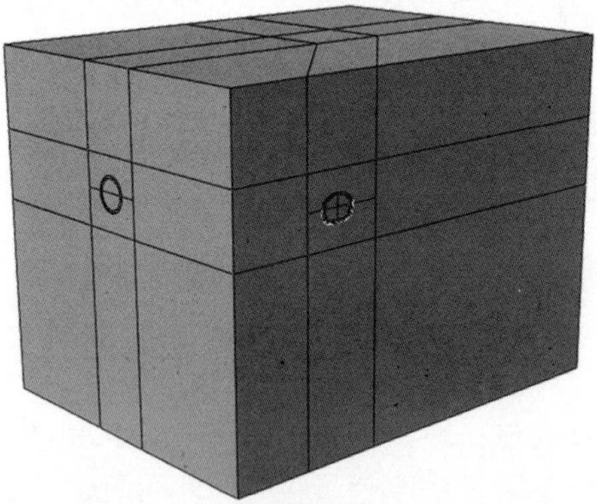

图 5.2-1　数值模型计算范围

2. 边界条件

模型受到的约束条件为：左右边界为水平约束，前后边界为轴向约束，下部边界为竖直约束，上边界为自由边界，即同交叉角度下计算模型边界条件均为，模型两侧采用 X 方向（既有隧道横断面水平方向）的节点约束，前后采用 Z 方向（既有隧道中纵向方向）的水平节点约束，底部采用 Y 方向（既有隧道横断面竖直方向）的节点约束，地表自由约束。

3. 围岩及支护结构参数

采用理想弹塑性模型，Mohr-Coulomb 强度准则，围岩与支护物理力学参数见表 5.2。

表 5.2　围岩与支护物理力学参数

岩性	弹性模量标准值（MPa）	泊松比	内摩擦角（°）	黏聚力（MPa）	容重（kN/m^3）
围岩	50	0.35	30	0.4	20
二次衬砌	3 450	0.20			25
初支	2 100	0.20			25

4. 单元类型及网格划分

由于模型较大，因此采用没有中间节点的三维实体单元模拟围岩和衬砌支护，同时应尽量控制总的节点数量，达到控制计算量的目的。单元划分的疏密，大小和形状都会影响计算精度。一般开挖处由于节点的位移、应力及内力变化大，单元划分较密；远离开挖处节点位移、应力和内力变化较小，可划分稍疏。有限元模型如图 5.2-2 所示，局部单位网格划分如图 5.2-3 所示。

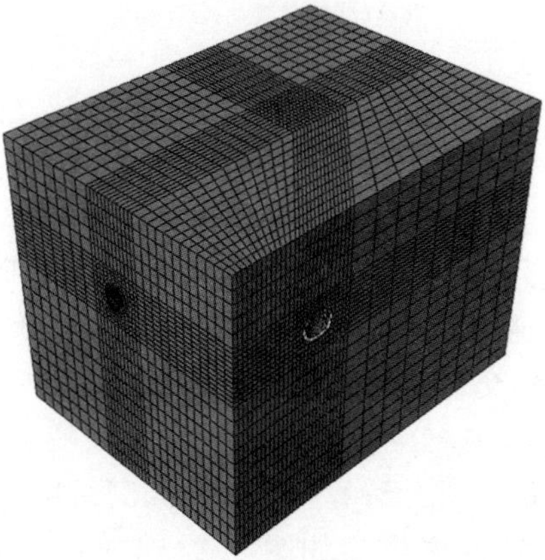

图 5.2-2　网格划分图

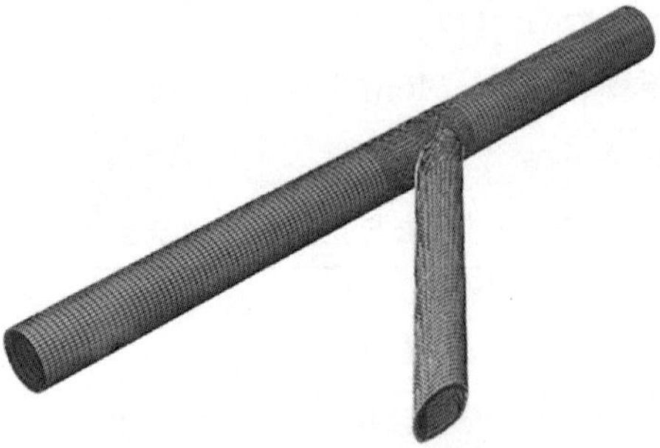

(a) 衬砌网格

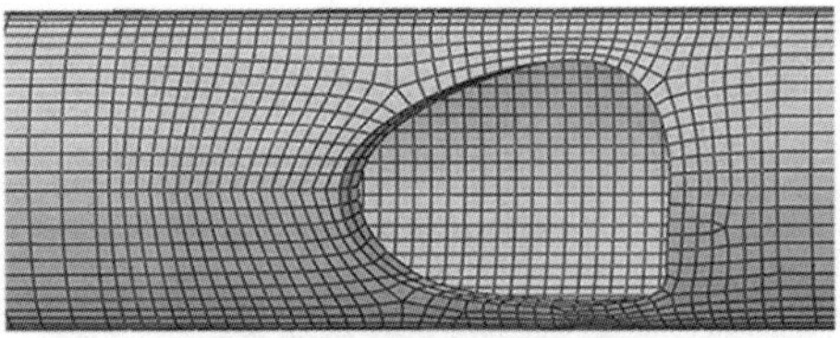

(b) 既有地铁线交叉处衬砌加密

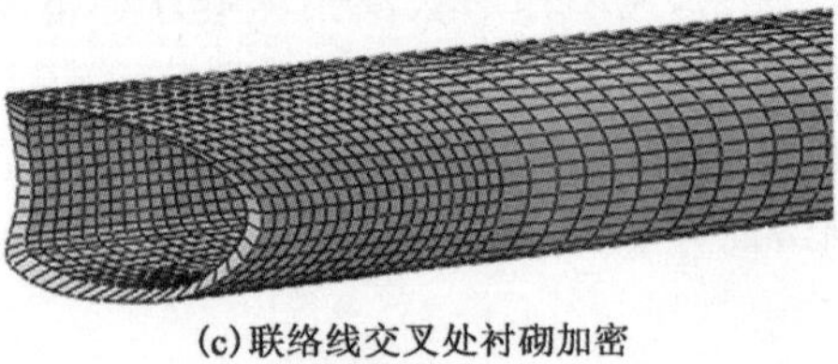

(c) 联络线交叉处衬砌加密

图 5.2-3 局部网格划分

5. 不同交叉角度建模

在实际工程中，因地质条件、线路选择需要联络线与既有隧道交叉角度会根据实际情况而变化，如本工程中联络线与 5 号线交叉角度在 15°左右，而隧道结构中常见的联络横通道两者交叉角度为 90°，说明实际工程交叉角度变化较大。为了反映隧道间交叉角度对既有隧道沉降的影响，分别对联络线、已建成隧道间的夹角为 15°、45°和 90°这 3 种情况进行计算。三种不同交叉角度数值分析三维空间模型和衬砌支护网络模型如图 5.2-4 所示。隧道交叉角度为 15°，共有 211 780 个单元，291 351 个节点；隧道交叉角度为 45°，共有 94 786 个单元,114 250 个节点;隧道交叉角度为 90°,共有 102 269 个单元,129 298 个节点。

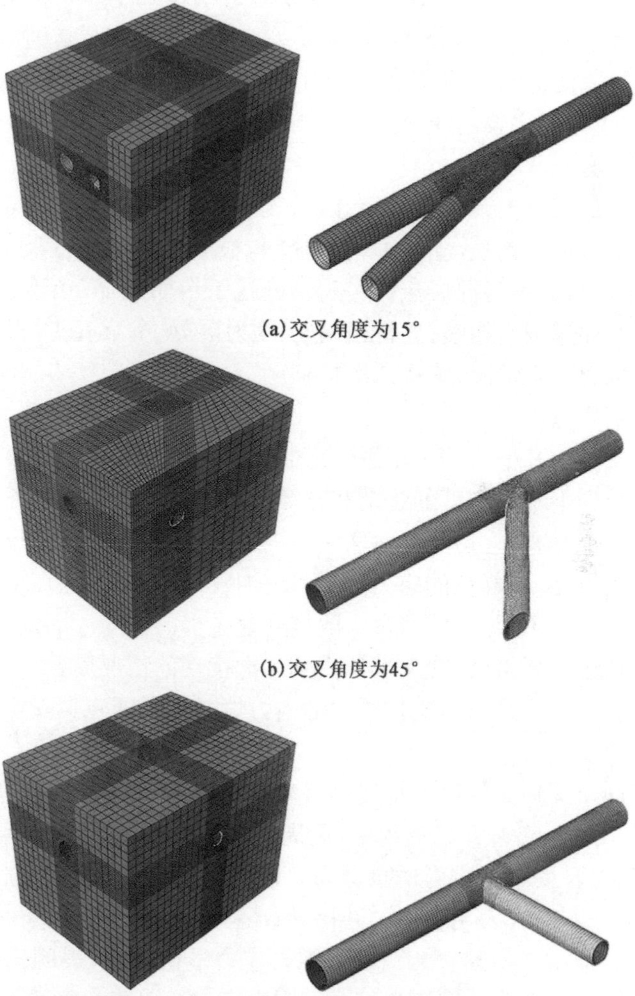

(a)交叉角度为15°

(b)交叉角度为45°

(c)交叉角度为90°

图 5.2-4　不同交叉角度下数值计算模型

5.2.2 不同交叉角隧道衬砌应力

联络线的开挖必然会对既有地铁隧道结构产生一定的影响，为了降低开挖对既有隧道的扰动，需要采取一定的技术措施进行保护。在开挖前需要进行小导管超前预注装，来加固四周的土体，在计算时，超前小导管注浆的加固范围取开挖边界。在计算过程中，不同交叉角度工况下，联络线开挖均采用台阶法开挖方式，每个循环步骤为：第一步，开挖上台阶土体，台阶长度设置为 6 m；第二步，对上台阶裸露围岩进行初喷，立格栅钢架挂网，根据地质情况打设锚杆，安装锁脚锚杆，并喷射混凝土；第三步，开挖下台阶土体；第四步，对下台阶开挖裸露围岩初喷，立格栅钢架，喷射混凝土；第五步，根据施工进度和围岩沉降情况，施作二次衬砌。

1. 围岩应力

交叉隧道开挖不同于单洞隧道的开挖，既有隧道开挖过程中，洞周围岩受到了不同程度的扰动和破坏，位移场发生了变化，并且发生了应力的重分布；之后又要对联络线进行开挖，将使交叉部位的围岩受到二次扰动，该部位的应力分布将更加复杂，支护结构在该部位是否满足安全要求，将决定着整个隧道开挖过程的安全。因此，分析不同交叉角度下联络线，交叉部位受到二次扰动的情况后，所产生的围岩位移变形、应力变化，支护结构的内力情况对保证施工安全有至关重要的作用。

不同交叉角联络线开挖后围岩应力场分布如图 5.2－5 所示，不同交叉角度下隧道开挖过程中，洞周围岩均受到了不同程度的扰动和破坏，并且发生了应力的重分布。既有隧道和联络线上方应力场均呈漏斗状分布，表明隧道的开挖导致隧道上方围岩应力释放，围岩应力有所减小。不同交叉角度下围岩应力最值接近，表明角度对整体围岩应力场大小分布影响较小。围岩应力场因交叉角度不同空间分布差异较大，且交叉角度越小，既有隧道和联络线周围围岩应力场影响越明显，如交叉角度为 15°时，既有隧道开挖影响围岩应力区域与联络线影响区域相互贯通，而交叉角为45°、90°情况下，两者应力场相互影响小。

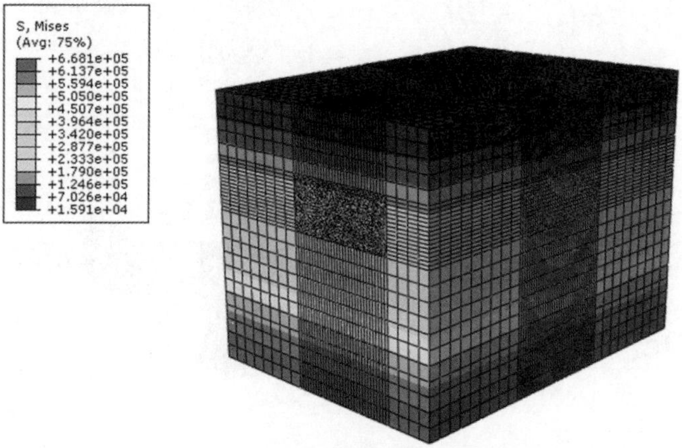

(a)围岩原始应力

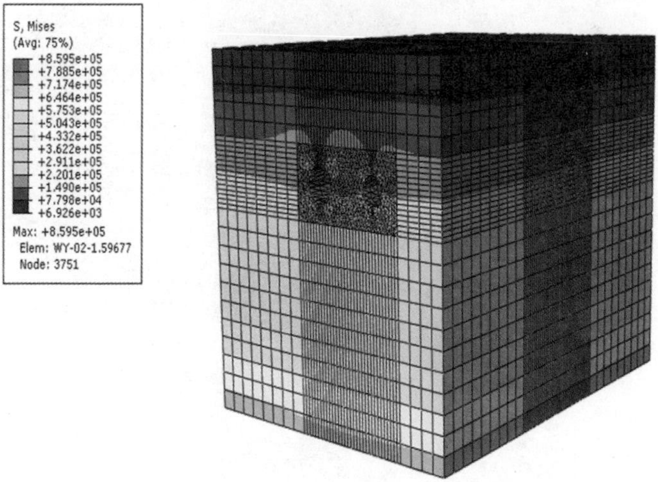

(b)交叉角度为15°

图5.2－5　不同交叉角度整体围岩应力

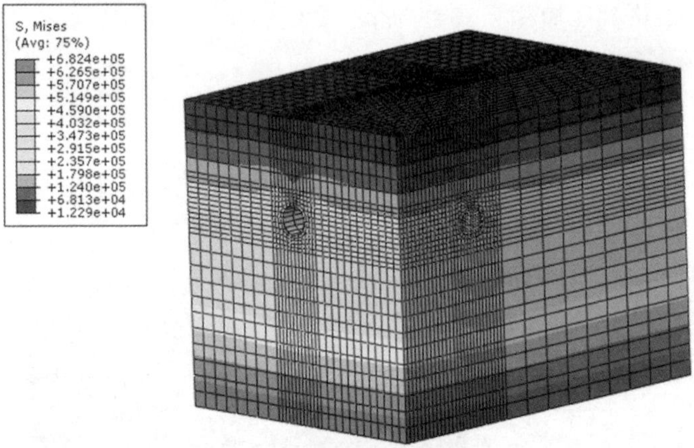

(c)交叉角度为45°

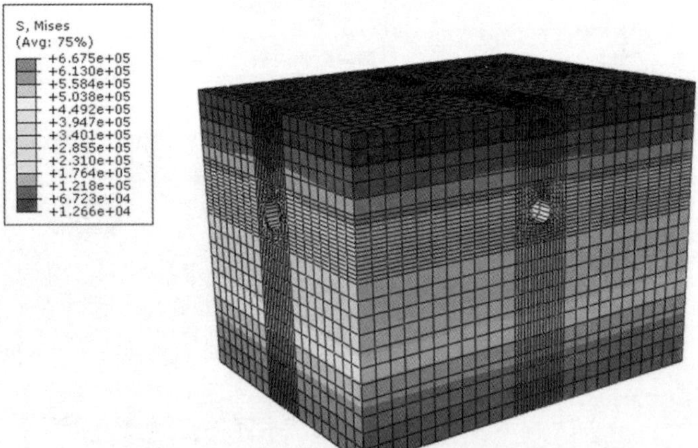

(d)交叉角度为90°

图 5.2-5　不同交叉角度整体围岩应力(续)

主洞与联络线的交叉处在联络线开挖后主要表现为三个层次的变形破坏:首先,由于洞室的开挖,在扰动应力的作用下,使得洞室围岩由原来的三向受力状态变为两向受力状态。在开挖初期，张开滑移的裂隙和层面已经逐渐趋于闭合，联络线的开挖再次改变了围岩的应力场，交叉段处围岩受力复杂，围岩由三向应力状态变为两向应力状态，在洞壁横截面上尤其是交叉口两侧面，还表现为单向应力状态，使岩体围压降低、应力差增大，甚至在交叉口左右两侧拱腰和拱脚部位产生强烈的应力集中现象，导致结构面张开，挤压紧密的岩体变得松散破碎，裂隙张开，而后导致岩体扩容。裂隙张开和岩体松散，反过来又导致围岩应力状态的改变，使得岩体在新的应力状态下继续调整，岩体不断松散、裂隙不断张开，甚至于发生松散岩块沿结构面刚体流动，这种结构的调整与时间高度相关，在洞室收敛变形上就表现为初期围岩收敛量值大而速度快。其次，由于洞室围岩在构造应力作用下，岩体松散破碎，完整性差，当受到开挖扰动后，岩体一方面沿结构面剪切滑移，另一方面岩体内部晶格错动滑移，使得围岩表现为持续的蠕变变形。第三，一些岩性为碎裂岩主体的交叉口，本身的流变压力不高，使得岩体持续流变变形。横通道开挖后，交叉口侧主洞侧壁的约束作用消失，造成靠近交叉段处的围岩偏压，且由于主洞和横通道开挖形成的应力场相互影响、交叠，使得围岩受力复杂，并随着变形的进一步发展，使围岩的某些部位出现拉裂缝，导致岩体强度恶化。

在联络线开挖初期，以上几种变形破坏机制在隧道交叉段围岩中同时存在。主洞开挖后的围岩中趋于闭合的裂隙和平行于洞壁的层面在新的应力场中张开；岩体在二次扰动应力场中变得更松散；岩块沿结构面剪切滑移和松胀变形；软弱围岩本身的流变性等就使得围岩表现出明显的流变属性，并呈加速蠕变状态。至于后期，随着岩体逐渐达到新的平衡状态，岩体状态趋于稳定，蠕变速率也逐步趋于稳定，该期稳态蠕变，主要是由于软弱围岩在交叉段处形成的复杂应力作用下，岩体本身的流变属性所决定，掘进面作用消失，岩体结构面的作用也逐渐淡化。

因此，可以认为，在交叉段处，无论是扩容、层状块体向净空移动或扰动应力的作用，占主导地位的仍是围岩结构的调整，这种调整反过来又影响工程应力场的分布，两者相互影响、相互适应，最终达到岩体的稳定。结构的调整具有时效性，但是，由于岩体较破碎，使得初始结构在空间分布上差别不大，因而调整的方式及程度主要受横通道开挖后形成的应力场所控制，从而使围岩对支护体系作用更多表现为偏压特征，但围岩压力在同一断面上分布相对均匀和对称，最大围压在交叉口的两侧面和拱顶及拱底。

不同交叉角开挖后隧道附近围岩应力场分布如图 5.2－6 所示，不同交叉角隧道开挖导致围岩应力场改变，随着交叉角度减小而改变越明显。隧道周围围岩应力最大值因交叉角度不同差异较大，且交叉角度越小，应力值最大值越大，最大值均出现在既有隧道和联络线交叉处。如交叉角度为 15°时，最大值为 0.87 MPa；交叉角度为 45°时，最大值为 0.68 MPa；交叉角度为 90°时，最大值为 0.56 MPa。

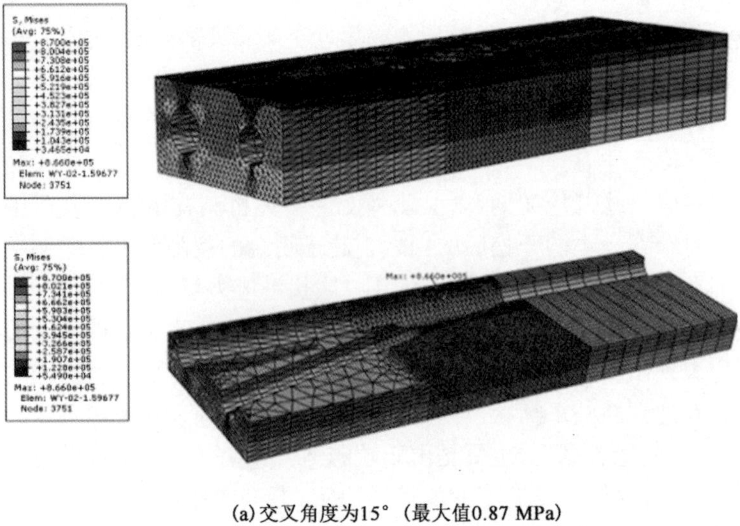

(a) 交叉角度为15°（最大值0.87 MPa）

图 5.2－6　不同交叉角度下隧道周围围岩应力

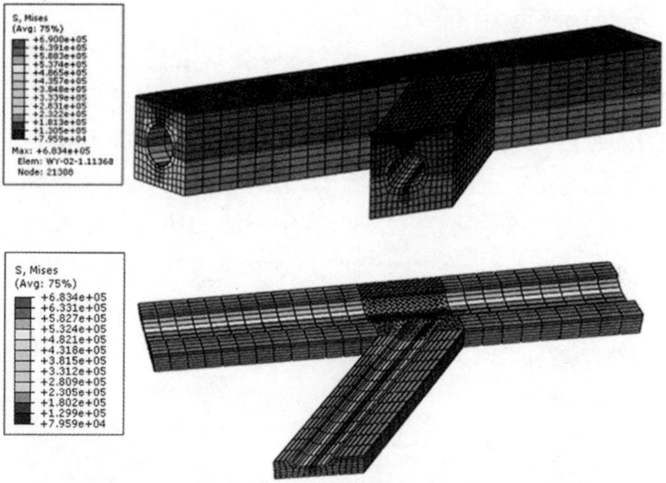

(b) 交叉角度为45°（最大值0.68 MPa）

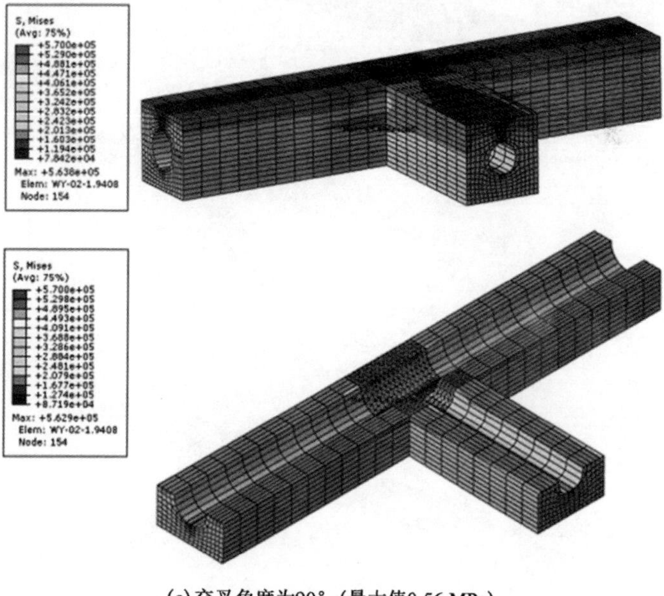

(c) 交叉角度为90°（最大值0.56 MPa）

图 5.2-6　不同交叉角度下隧道周围围岩应力(续)

2. 联络线隧道结构应力

不同交叉角联络线开挖完成后隧道衬砌结构应力如图 5.2－7 所示，联络线开挖完成后，不同交叉角度工况下，在既联络线衬砌交叉处均出现了应力集中的现象，且应力集中分布规律基本相同。应力集中现象主要出现在交叉口周围，应力集中沿既有隧道轴线呈蝴蝶状分布，当交叉角度不为 90°时，锐角一侧的应力集中程度大于钝角一侧的应力集中，且在交叉口的上方和下方均出现了一定程度的应力集中。不同交叉角度下，应力集中极值出现位置一致，均出现在交叉口沿轴线方向锐角一侧。

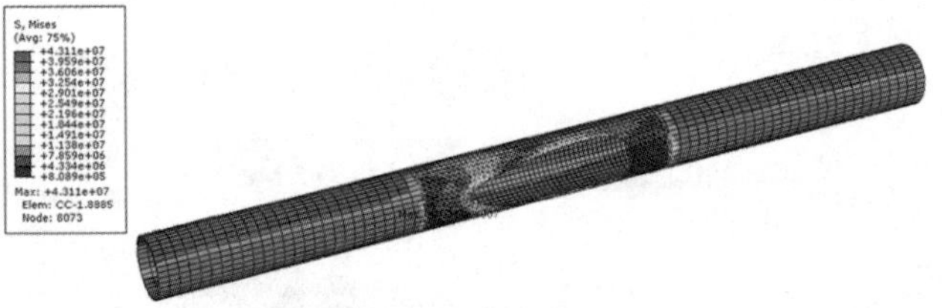

(a) 交叉角度为15°（最大值43.11 MPa）

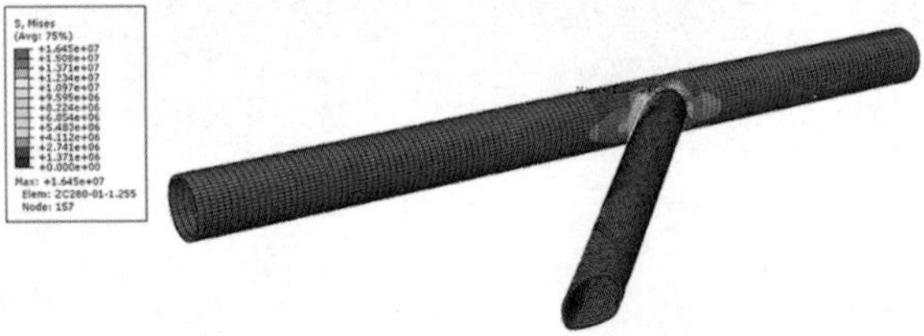

(b) 交叉角度为45°（最大值16.45 MPa）

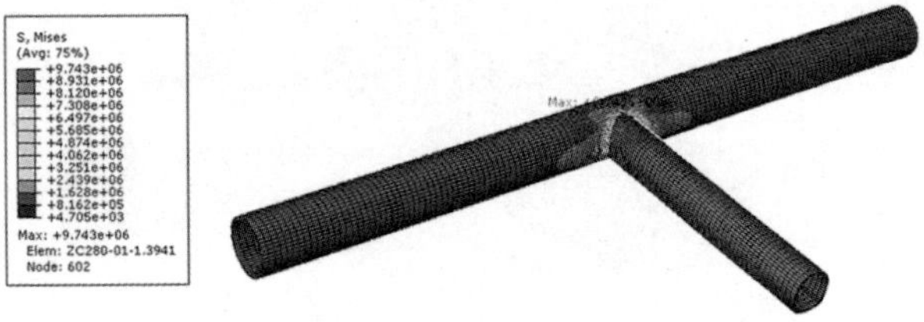

(c) 交叉角度为90°（最大值9.74 MPa）

图 5.2－7　开挖完成后衬砌受力情况

不同交叉角度下，应力集中最大值随交叉角度减小明显增大，交叉角度为15°时，最大值为43.11 MPa；交叉角度为45°时，最大值为16.45 MPa；交叉角度为90°时，最大值为9.75 MPa。表明交叉角度越小，隧道衬砌结构应力集中现象越突出，衬砌受力越大，更需要进行加固措施。

联络线开挖完成后不同交叉角联络线衬砌交叉处等效应力如图5.2－8所示，联络线衬砌交叉处等效应力情况，与衬砌整体受力情况分布一致。交叉处均出现应力集中现象，且应力集中现象锐角一侧比钝角一侧更明显，其中在交叉角度为90°时，联络线衬砌应力沿联络线衬砌轴线对称分布。联络线交叉处应力最大值均出现在交叉口沿轴线方向锐角一侧，交叉角度为15°时，最大值为165.0 MPa，应力集中现象突出；交叉角度为45°时，最大值为15.00 MPa；交叉角度为90°时，最大值为9.84 MPa。

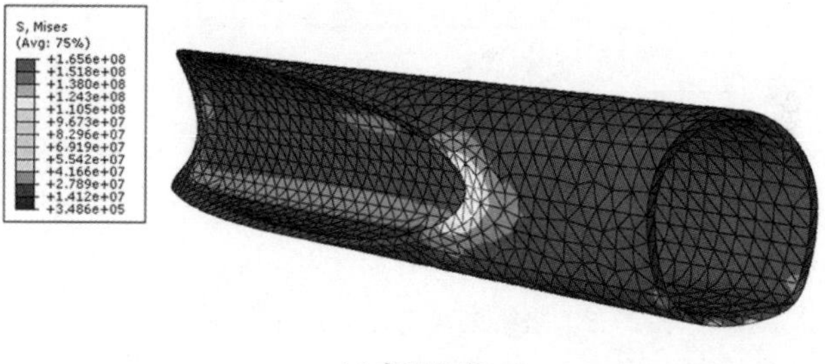

(a)交叉角度15°

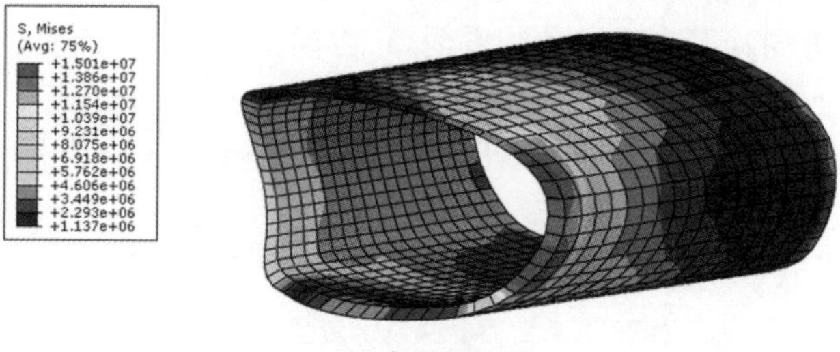

(b)交叉角度45°

图5.2－8　联络线衬砌交叉处等效应力

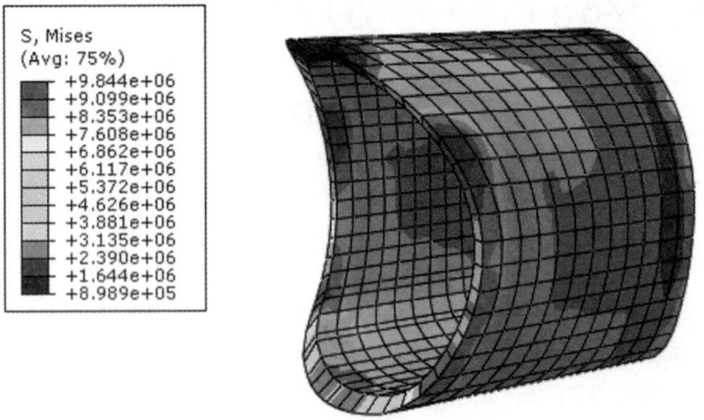

(c) 交叉角度90°

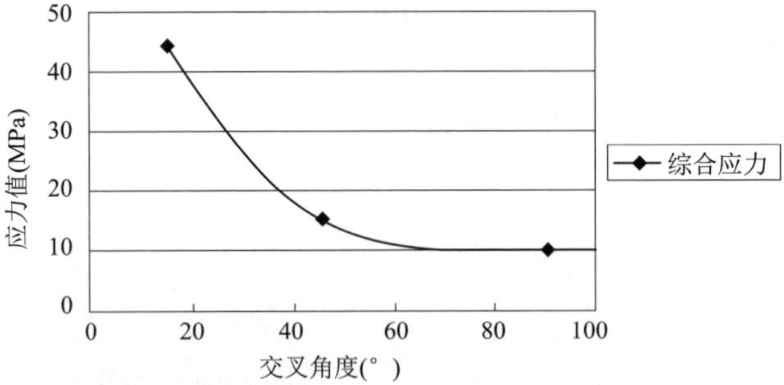

(d) 不同交叉角度下应力变化曲线

图 5.2-8　联络线衬砌交叉处等效应力(续)

联络线结构交叉处 X、Y、Z 方向应力如图 5.2-9～图 5.2-11 所示，Z 方向为既有隧道轴线方向，Y 方向为竖直方向，X 方向为当交叉角度为 90°时联络线轴线方向。

从图 5.2-9 可见，交叉处均出现应力集中现象，且应力集中现象锐角一侧比钝角一侧更明显，其中在交叉角度为 90°时，联络线衬砌应力沿联络线衬砌轴线对称分布。交叉口上方和下方处联络线衬砌，即联络线拱顶和拱底，X 方向应力为拉应力；交叉口沿轴线方向处衬砌，即联络线拱腰，X 方向应力为压应力。不同交叉度角度下，拉应力最大值出现在拱底，压应力最大值出现在拱腰。

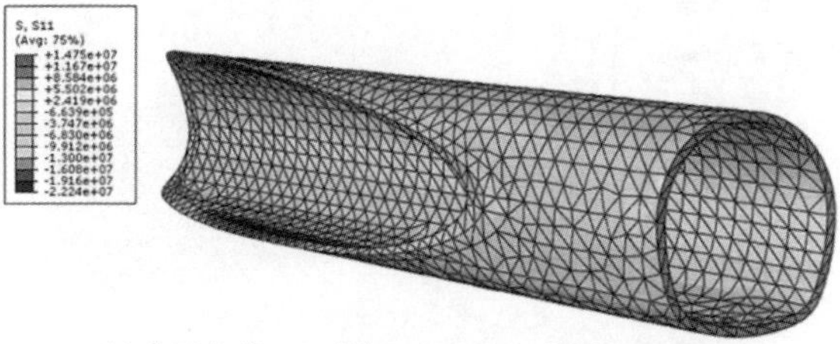

(a) 交叉角度15°（压14.78 MPa、拉22.24 MPa）

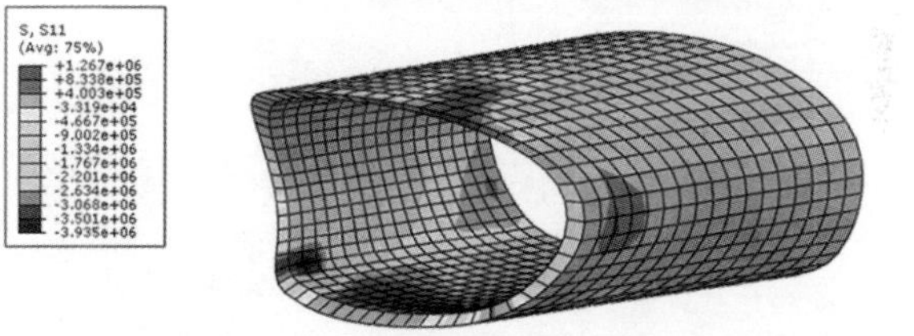

(b) 交叉角度45°（压1.28 MPa、拉3.94 MPa）

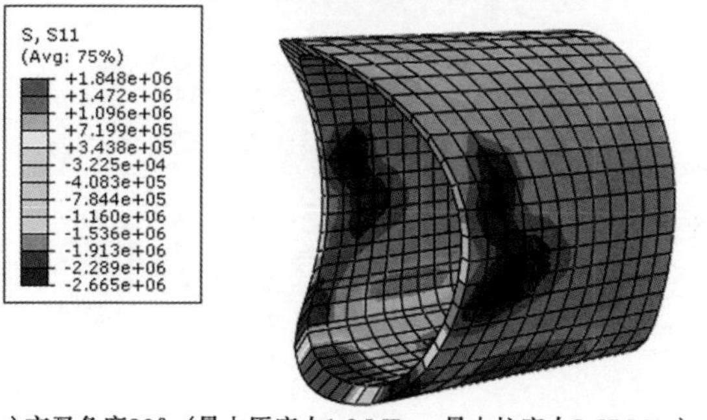

(c) 交叉角度90°（最大压应力1.0 MPa、最大拉应力2.67 MPa）

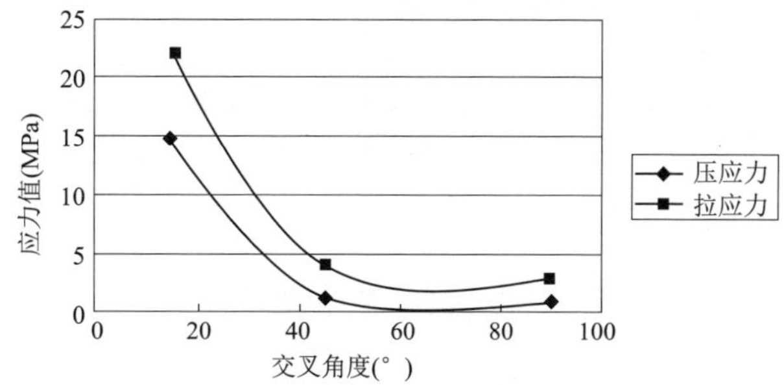

(d) 不同交叉角度下应力变化曲线

图 5.2-9　联络线结构交叉处 X 方向应力

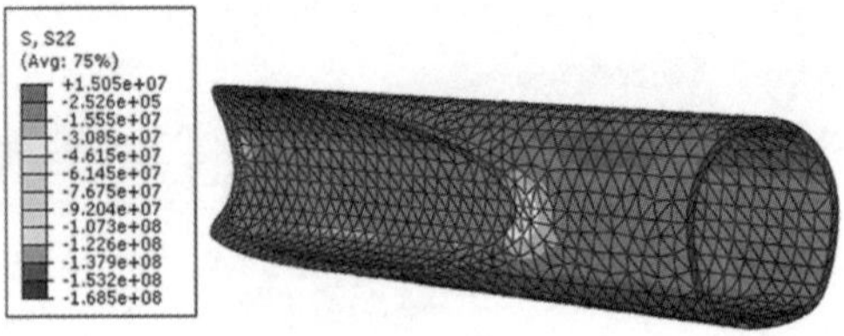

(a) 交叉角度15°

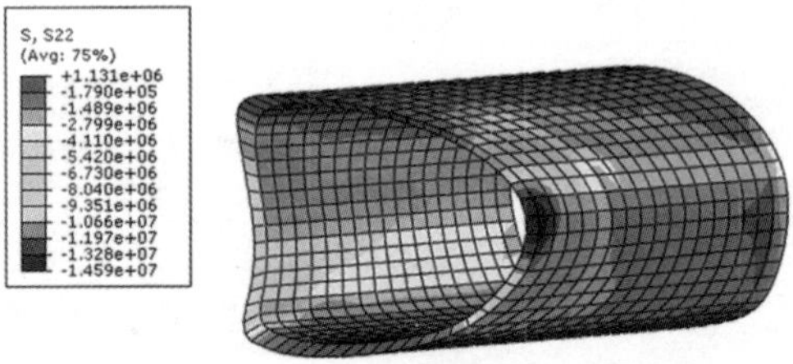

(b) 交叉角度45°

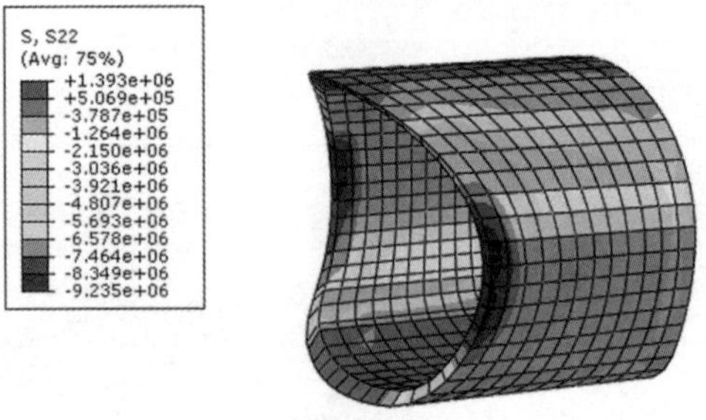

(c) 交叉角度90°

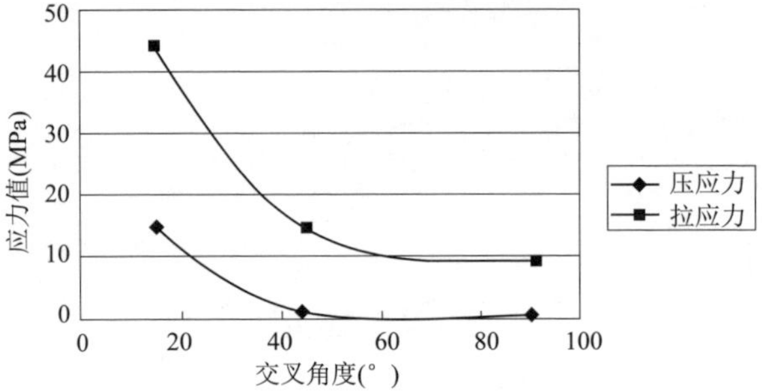

(d) 不同交叉角度下应力变化曲线

图 5.2-10　联络线结构交叉处 Y 方向应力

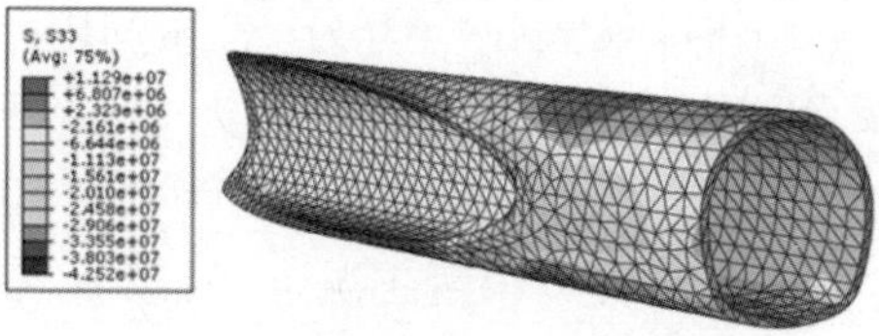

(a)交叉角度15°

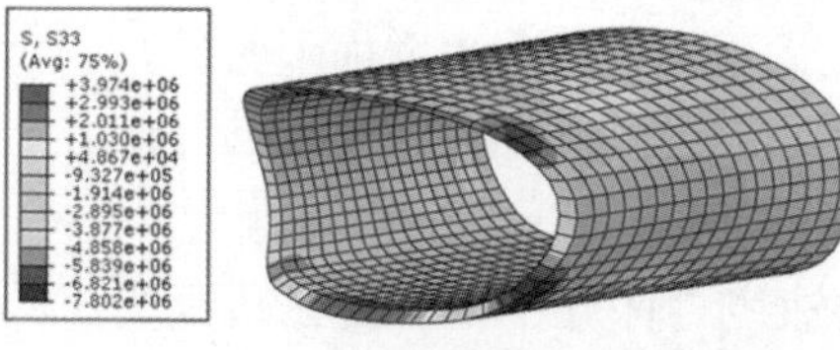

(b)交叉角度45°

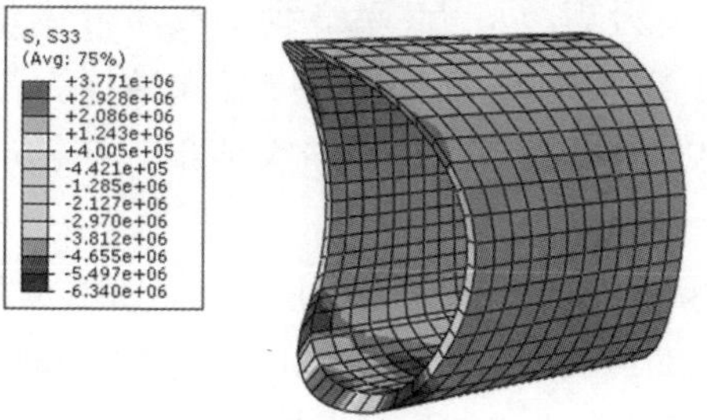

(c)交叉角度90°

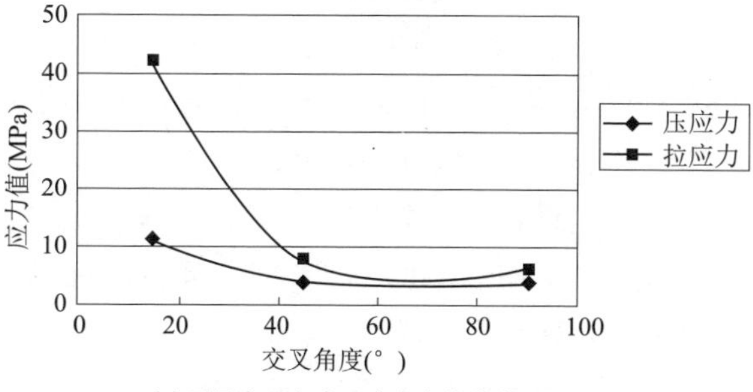

(d)不同交叉角度下应力变化曲线

图 5.2-11　联络线结构交叉处 Z 方向应力

交叉角度为 15°时，最大拉应力为 22.3 MPa，最大压应力为 14.8 MPa；交叉角度为 45°时，最大拉应力为 3.9 MPa，最大压应力为 1.3 MPa；交叉角度为 90°时，最大拉应力为 2.7 MPa，最大压应力为 1.0 MPa。其中，相同交叉角度工况下，衬砌 X 方向最大拉应力均大于 X 方向最大压应力；不同交叉角度工况下，衬砌 X 方向最大拉应力和压应力，均随交叉角度减小而增大，且交叉角度越小增加越明显，当交叉角度大于 45°时，应力增加不明显。

从图 5.2－10 可见，当交叉角度为 15°、45°时，应力集中现象锐角一侧比钝角一侧更明显；当交叉角度为 90°时，联络线衬砌应力沿联络线衬砌轴线对称分布。当交叉角度为 15°、45°时，交叉口上方和下方处联络线衬砌，即联络线拱顶和拱底以及拱腰靠近钝角一侧，Y 方向应力为拉应力，联络线拱腰靠近锐角一侧，Y 方向应力为压应力。交叉角度为 90°时，拱底和拱顶为拉应力，拱腰为压应力。不同交叉角度下，拉应力最大值出现在拱底，压应力最大值出现在拱腰。

交叉角度为 15°时，最大拉应力为 44.2 MPa，最大压应力为 15.1 MPa；交叉角度为 45°时，最大拉应力为 14.6 MPa，最大压应力为 1.1 MPa；交叉角度为 90°时，最大拉应力为 9.2 MPa，最大压应力为 0.8 MPa。相同交叉角度工况下，衬砌 Y 方向最大拉应力均大于 Y 方向最大压应力；不同交叉角度工况下，衬砌 Y 方向最大拉应力和压应力，均随交叉角度减小而增大，且交叉角度越小增加越明显，当交叉角度大于 45°时，应力增加不明显。

从图 5.2－11 可见，当交叉角度为 15°时，交叉口上方和下方处联络线衬砌，即联络线拱顶和拱底以及拱腰靠近钝角一侧，Z 方向应力为拉应力，联络线拱腰靠近锐角一侧，Z 方向应力为压应力，应力集中现象锐角一侧比钝角一侧更明显。交叉角度为 45°时，拱底、拱顶和拱腰为拉应力，压应力出现在两侧拱脚和拱肩处，且应力集中现象锐角一侧比钝角一侧更明显。交叉角度为 90°时，拱底、拱顶和拱腰为拉应力，压应力出现在两侧拱脚和拱肩处，且应力沿联络线衬砌轴线对称分布。不同交叉角度下，拉应力最大值均出现在拱底，压应力最大值15°时出现在拱腰，45°和90°时出现在拱脚。

交叉角度为15°时，最大拉应力为42.5 MPa，最大压应力为11.3 MPa；交叉角度为45°时，最大拉应力为7.8 MPa，最大压应力为4.0 MPa；交叉角度为90°时，最大拉应力为6.3 MPa，最大压应力为3.7 MPa。相同交叉角度工况下，衬砌 Z 方向最大拉应力均大于 Z 方向最大压应力；不同交叉角度工况下，衬砌 Z 方向最大拉应力和压应力，均随交叉角度减小而增大，且交叉角度越小增加越明显，当交叉角度大于45°时，应力增加不明显。

3.既有隧道结构应力

交叉隧道开挖衬砌结构应力变化较单线隧道更复杂，既有隧道开挖过程中，洞周围岩受到了不同程度的扰动和破坏，位移场发生了变化，并且发生了应力重分布，之后又要对联络线进行开挖，将使交叉部位的围岩受到二次扰动，该部位的应力分布将更加复杂，支护结构在该部位是否满足安全要求，将决定整个隧道开挖过程的安全。因此，分析不同交叉角度下联络线，交叉部位受到二次扰动的情况后，所产生的围岩位移变形、应力变化，支护结构的内力情况对保证施工安全有至关重要的作用。

既有隧道交叉处米塞斯应力及三个方向的应力分布如图5.2-12～图5.2-15所示，Z 方向为既有隧道轴线方向，Y 方向为竖直方向，X 方向为当交叉角度为90°时联络线轴线方向。

从图5.2-12可知，交叉处均出现应力集中现象，且应力集中现象锐角一侧比钝角一侧更明显，其中在交叉角度为90°时，既有隧道衬砌应力沿联络线衬砌轴线对称分布。交叉处应力最大值均出现在交叉口沿轴线方向锐角一侧，交叉角度为15°时，最大值为43.1 MPa，应力集中现象突出；交叉角度为45°时，最大值为18.0 MPa；交叉角度为90°时，最大值为9.7 MPa。

(a) 交叉角度15°

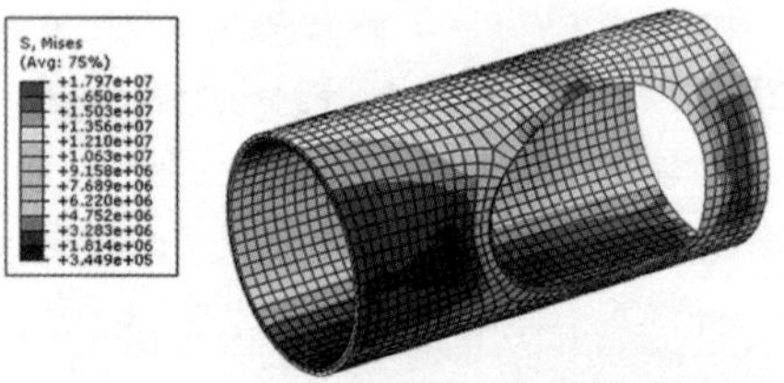

(b) 交叉角度45°

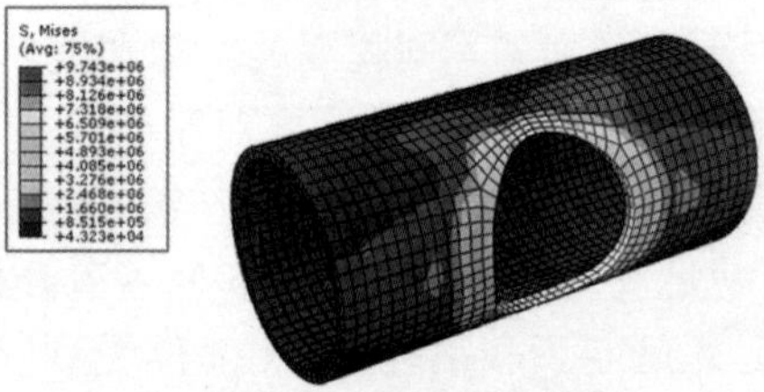

(c) 交叉角度90°

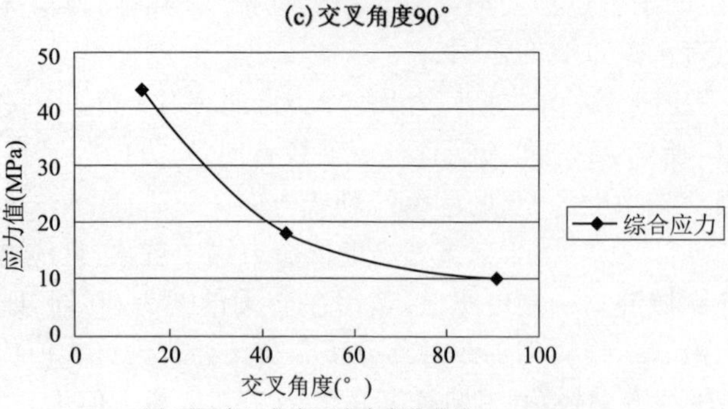

(d) 不同交叉角度下应力变化曲线

图 5.2－12　既有隧道结构交叉处米塞斯应力

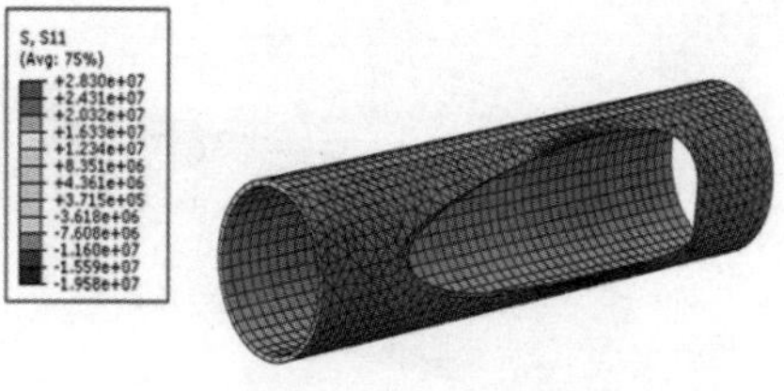

(a)交叉角度15°

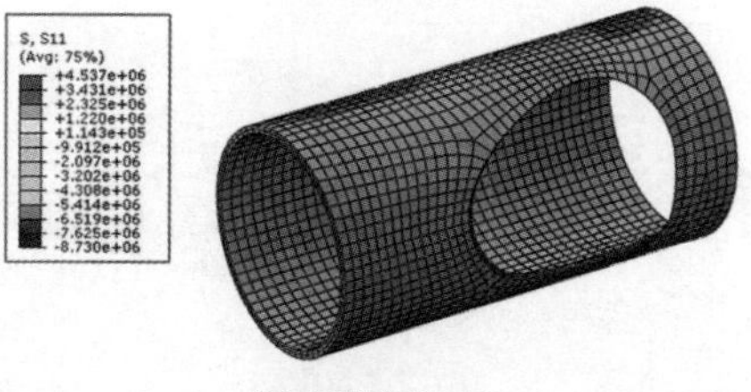

(b)交叉角度45°

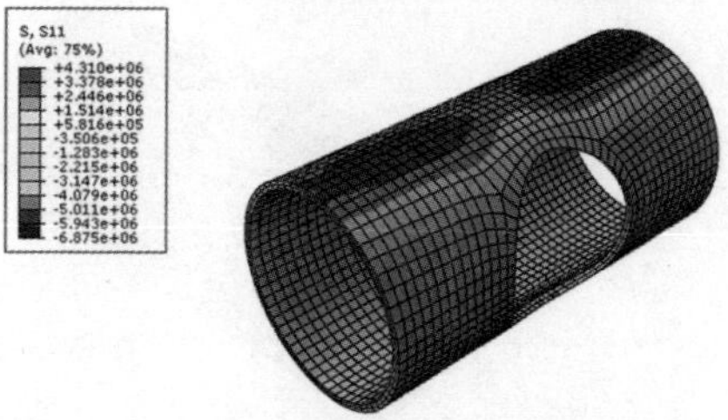

(c)交叉角度90°

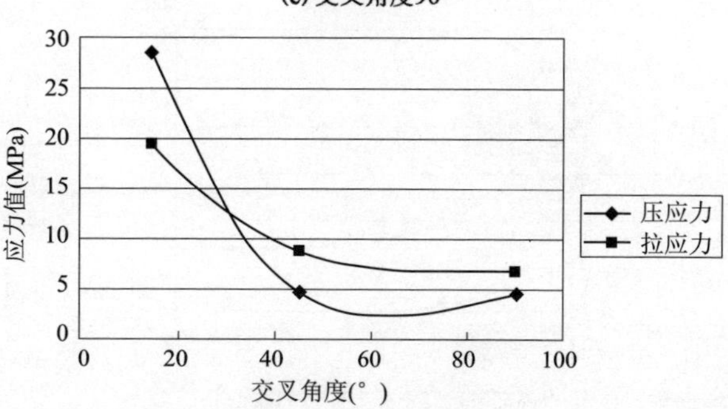

(d)不同交叉角度下应力变化曲线

图 5.2-13　既有隧道结构交叉处 X 方向应力

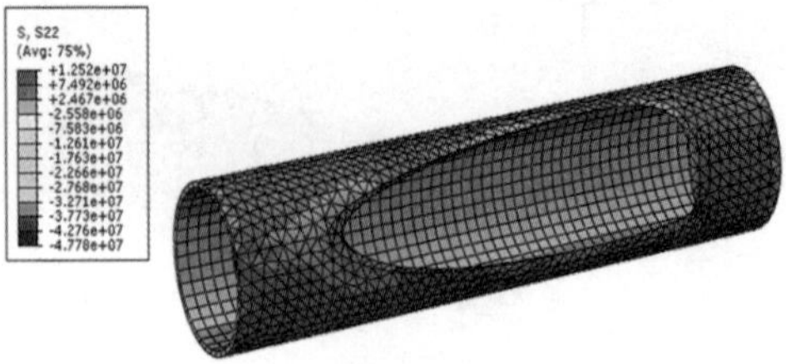

(a) 交叉角度15°

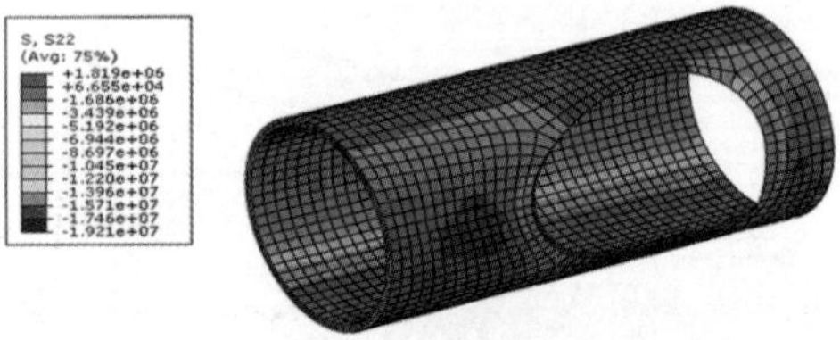

(b) 交叉角度45°

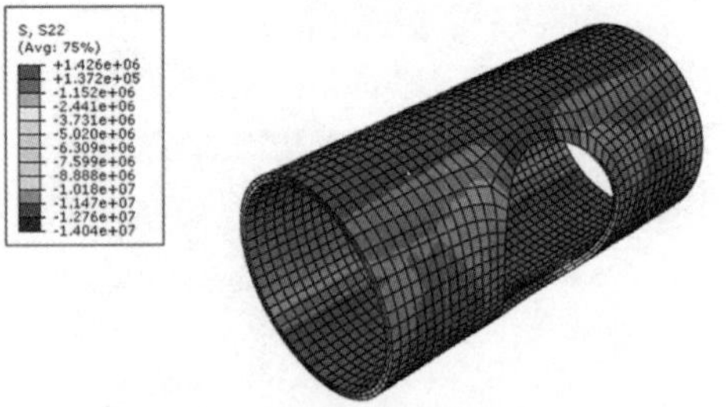

(c) 交叉角度90°

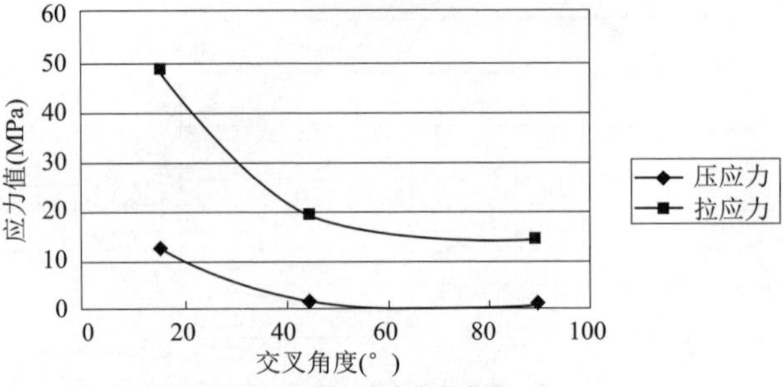

(d) 不同交叉角度下应力变化曲线

图 5.2－14　既有隧道结构交叉处 Y 方向应力

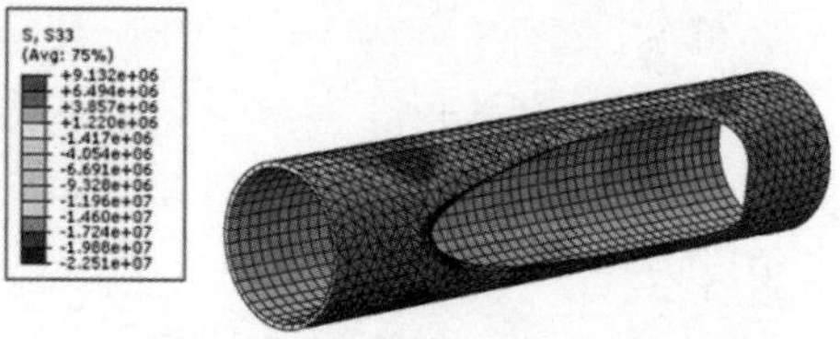

(a)交叉角度15°

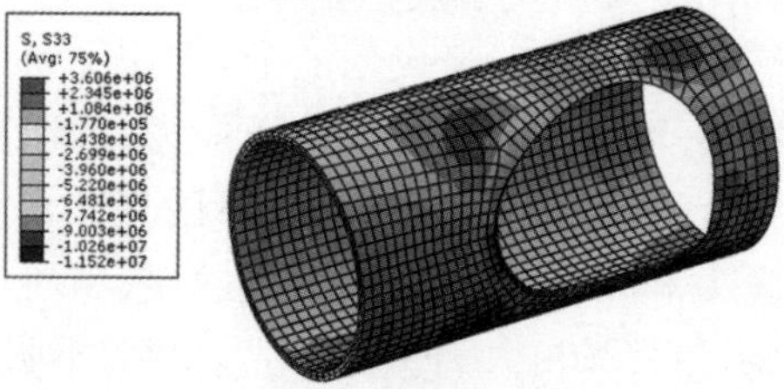

(b)交叉角度45°

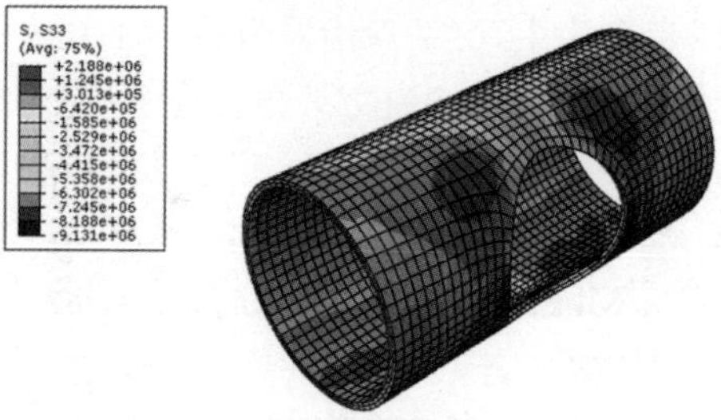

(c)交叉角度90°

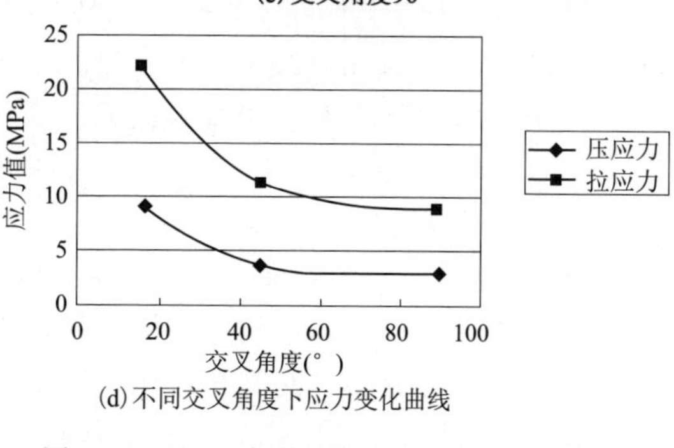

(d)不同交叉角度下应力变化曲线

图 5.2-15　既有隧道结构交叉处 Z 方向应力

从图 5.2－13 可见，交叉角度为 15°、45°时，且应力集中现象锐角一侧比钝角一侧更明显；交叉角度为 90°时，且应力沿衬砌轴线对称分布。交叉角度为 15°时，最大拉应力为 19.6 MPa，最大压应力为 28.3 MPa；交叉角度为 45°时，最大拉应力为 8.7 MPa，最大压应力为 4.5 MPa；交叉角度为 90°时，最大拉应力为 6.9 MPa，最大压应力为 4.3 MPa。相同交叉角度工况下，当交叉角度较小时，衬砌 X 方向最大拉应力均小于 X 方向最大压应力，当交叉角度较大时，衬砌 X 方向最大拉应力均大于 X 方向最大压应力，表明随着角度增大，衬砌受力由主要受压转变为主要受拉。不同交叉角度工况下，衬砌 X 方向最大拉应力和压应力，均随交叉角度减小而增大，且交叉角越小增加越明显，当交叉角大于 45°时，应力增加不明显。

从图 5.2－14 可见，应力集中在交叉口周围呈蝴蝶状分布。交叉口上下方向以受拉为主，交叉口沿既有隧道轴线方向衬砌受力，联络线开挖应力呈现受压趋势。当交叉角度为 15°、45°时，应力集中现象锐角一侧比钝角一侧更明显；当交叉角度为 90°时，衬砌应力沿联络线衬砌轴线对称分布。交叉角度为 15°时，最大拉应力为 47.8 MPa，最大压应力为 12.5 MPa；交叉角度为 45°时，最大拉应力为 19.2 MPa，最大压应力为 1.8 MPa；交叉角度为 90°时，最大拉应力为 14 MPa，最大压应力为 1.4 MPa。相同交叉角度工况下，衬砌 Y 方向最大拉应力均大于 Y 方向最大压应力；不同交叉角度工况下，衬砌 Y 方向最大拉应力和压应力，均随交叉角度减小而增大，且交叉角度越小增加越明显，当交叉角度大于 45°时，应力增加不明显。

从图 5.2－15 可见，应力集中在交叉口周围呈蝴蝶状分布。交叉角度为 15°时，交叉口沿既有隧道轴线方向衬砌受力为压应力，交叉口两角呈受拉状态，此时应力集中现象锐角一侧比钝角一侧更明显；当交叉角度为 45°、90°时，交叉口两角应力集中明显，联络线衬砌应力沿联络线衬砌轴线对称分布。交叉角度为 15°时，最大拉应力为 22.5 MPa，最大压应力为 9.1 MPa；交叉角度为 45°时，最大拉应力为 11.5 MPa，最大压应力为 3.6 MPa；交叉角度为 90°时，最大拉应力为 9.1 MPa，最大压应力为 2.2 MPa。相同交叉角度工况下，衬砌 Z 方向最大拉应力均大于 Z 方向最大压应力；不同交叉角度工况下，衬砌 Z 方向最大拉应力和压应力，均随交叉角度减小而增大，且交叉角越小增加越明显，当交叉角大于 45°时，应力增加不明显。

5.2.3　不同交叉角隧道位移

1. 围岩位移

不同交叉角围岩位移场分布如图 5.2－16 所示，均采用分布开挖，台阶长度均设定为 6 m。

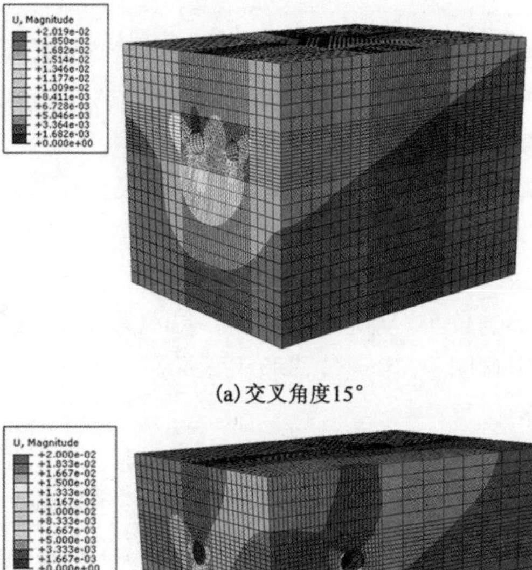

(a)交叉角度15°

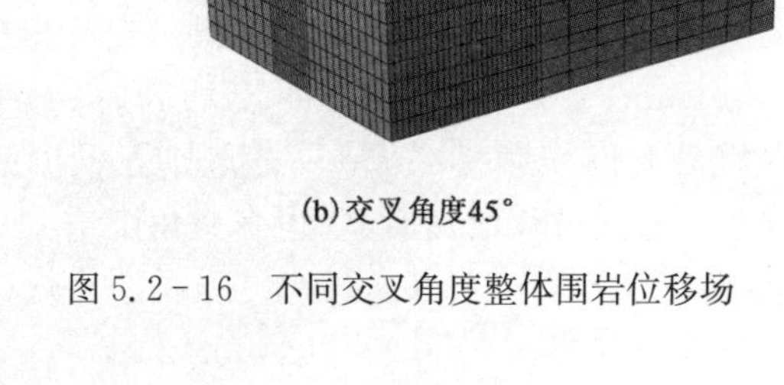

(b)交叉角度45°

图 5.2－16　不同交叉角度整体围岩位移场

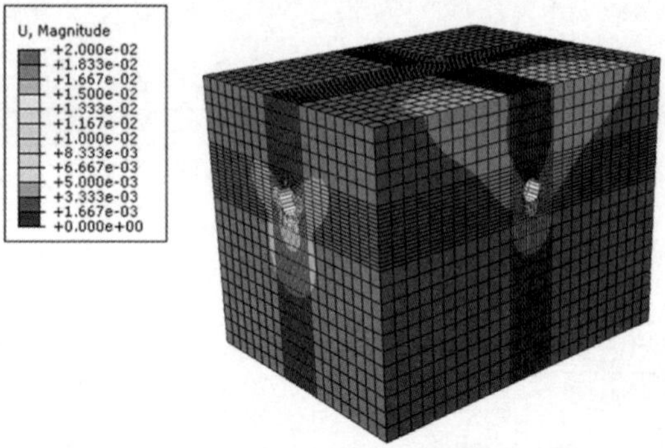

(c)交叉角度90°

图 5.2－16　不同交叉角度整体围岩位移场(续)

围岩位移场在开挖洞室周围,呈蝴蝶状分布,隧道底部位移较大,隧道拱肩其次,随着开挖洞室距离的增大,位移场受洞室开挖影响越小。位移场随交叉角度减小变化明显,交叉角度越小,围岩位移场影响范围越大且越明显,且交叉角度减小联络线和既有隧道间相互影响作用更强。当交叉角度为 90°时,联络线开挖对既有隧道周围围岩位移场影响较小;当交叉角度为 15°时,联络线开挖对既有隧道周围位移场影响明显,出现位移场相互贯通现象。

2.隧道结构位移

联络线开挖完成后既有隧道结构位移及其三个方向的位移如图 5.2－17～图 5.2－20 所示,Z 方向为既有隧道轴线方向,Y 方向为竖直方向,X 方向为当交叉角度为 90°时联络线轴线方向。

由图 5.2－17 可知,联络线开挖完成后不同交叉角下既有隧道衬砌在交叉口处位移均发生突变,交叉口上方和下方位移均明显增加。位移最大值随着交叉角度的减小明显增加,交叉角度为 15°时,最大位移为 20.2 mm;交叉角度为 45°时,最大位移为 11.2 mm;交叉角度为 90°时,最大位移为 9.4 mm。表明当交叉角度很小时,联络线开挖导致既有隧道位移增加明显,当交叉角度增大到 45°时,位移增加趋于平缓。

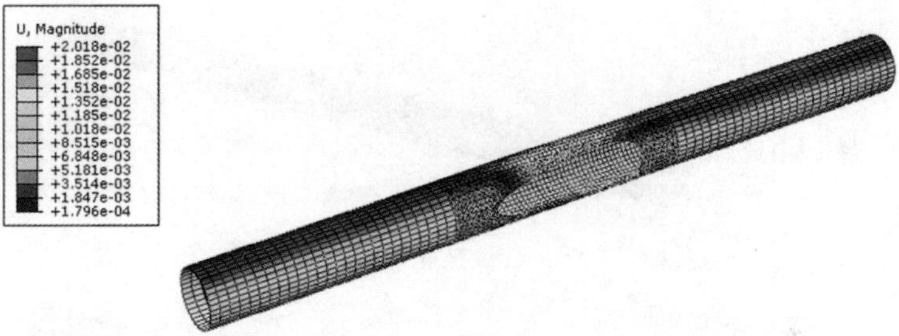

(a) 交叉角度15°

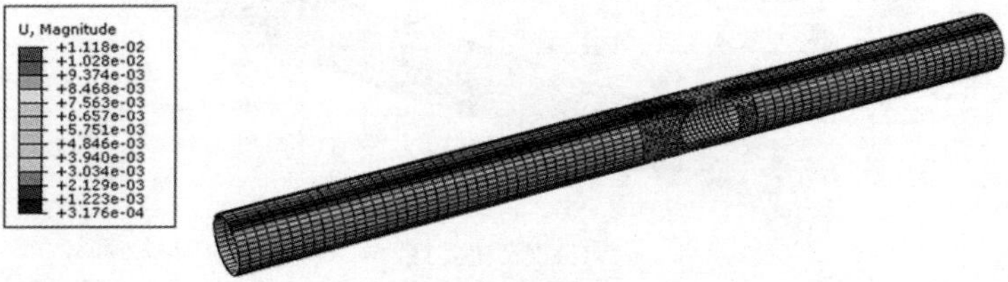

(b) 交叉角度45°

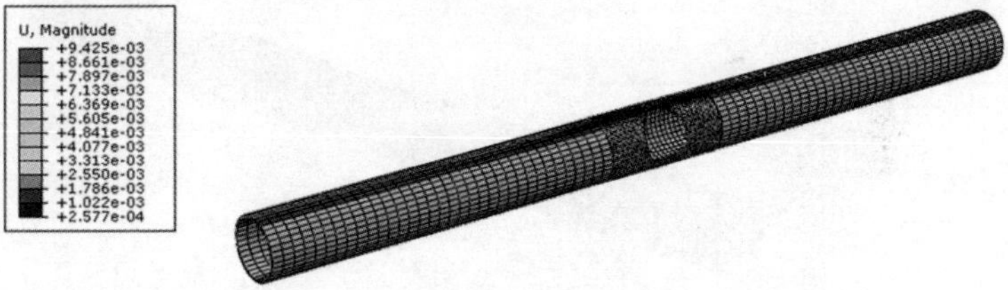

(c) 交叉角度90°

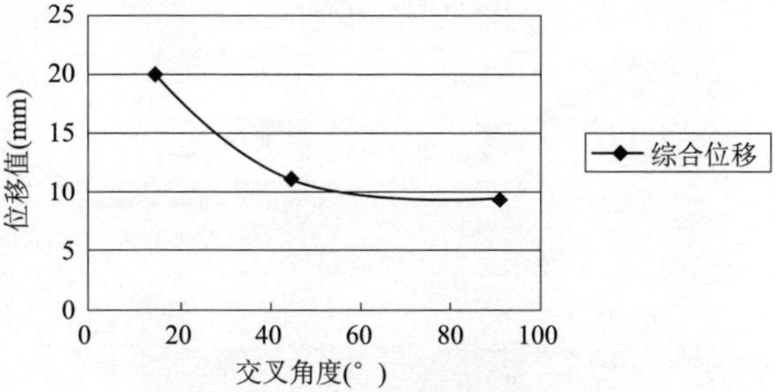

(d) 不同交叉角度下位移曲线

图 5.2-17　既有隧道结构位移

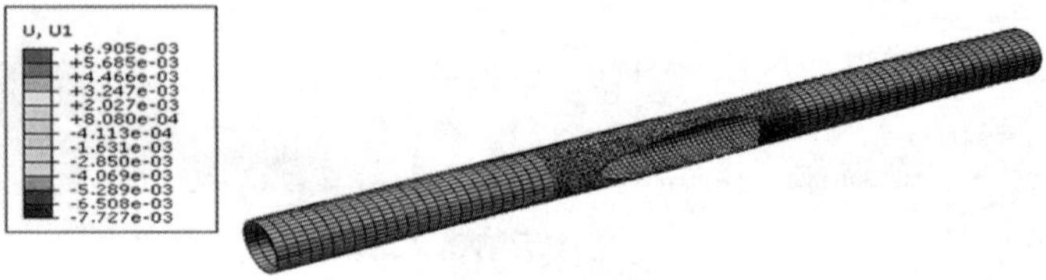

(a)交叉角度15°

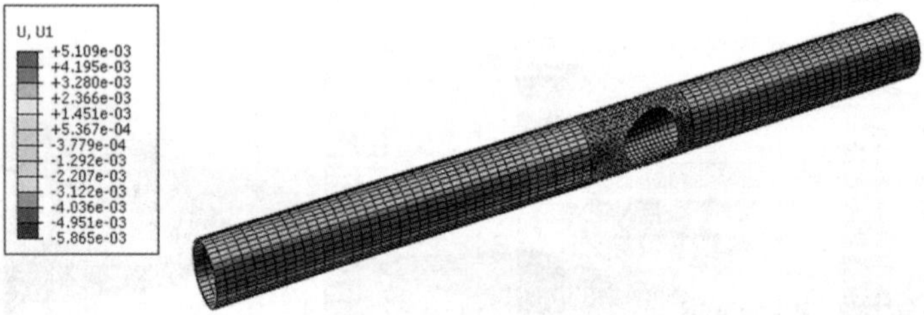

(b)交叉角度45°

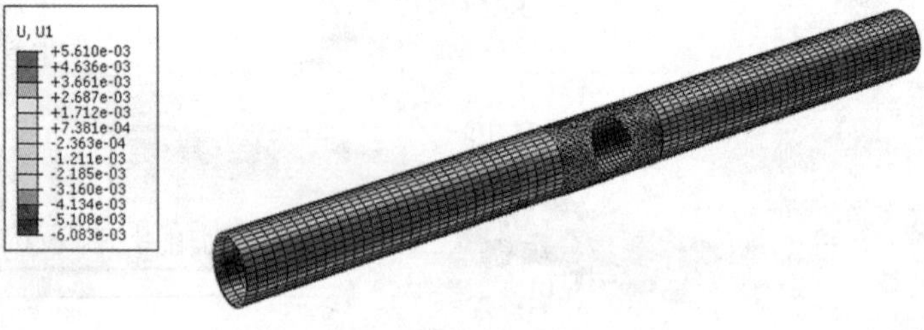

(c)交叉角度90°

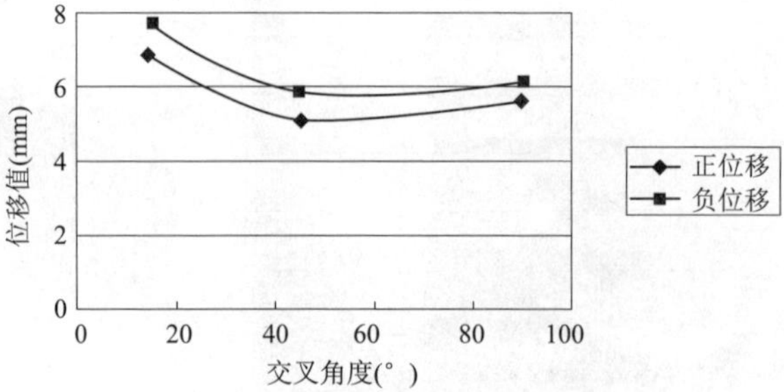

(d)不同交叉角度下位移曲线

图 5.2-18　既有隧道结构 *X* 方向位移

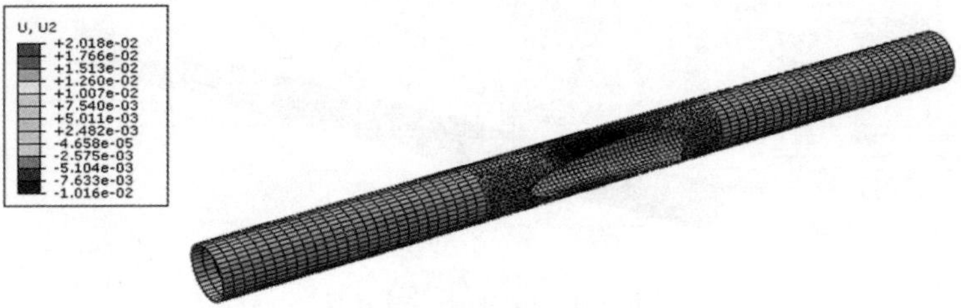

(a) 交叉角度15°

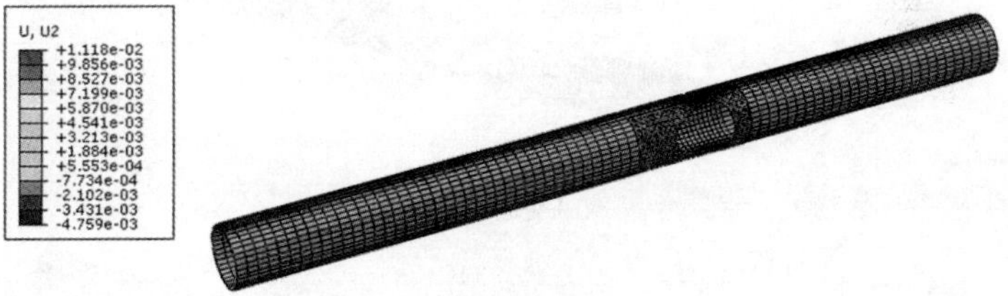

(b) 交叉角度45°

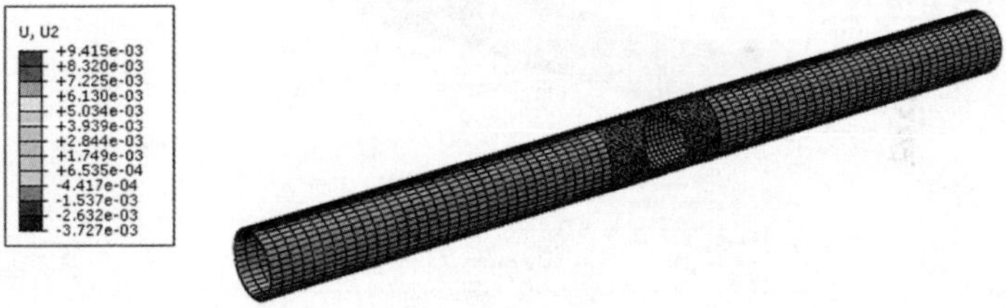

(c) 交叉角度90°

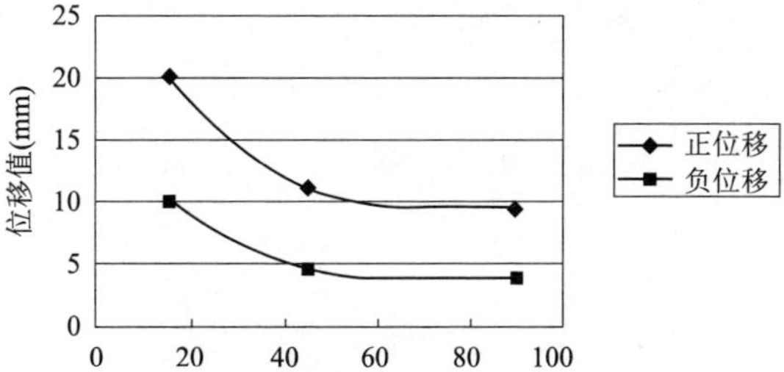

(d) 不同交叉角度下位移曲线

图 5.2 - 19　既有隧道结构 Y 方向位移

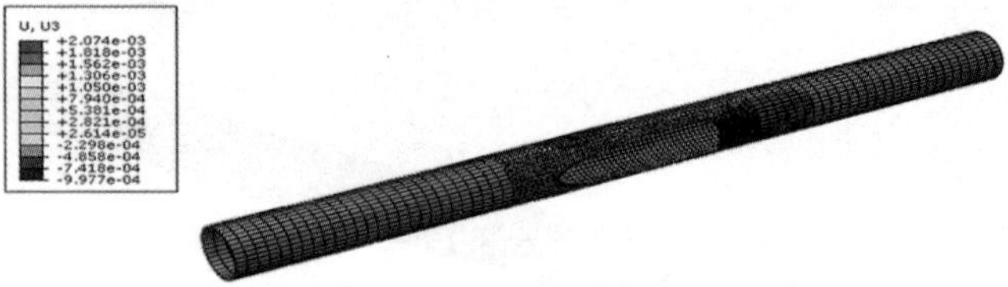

(a)交叉角度15°

(b)交叉角度45°

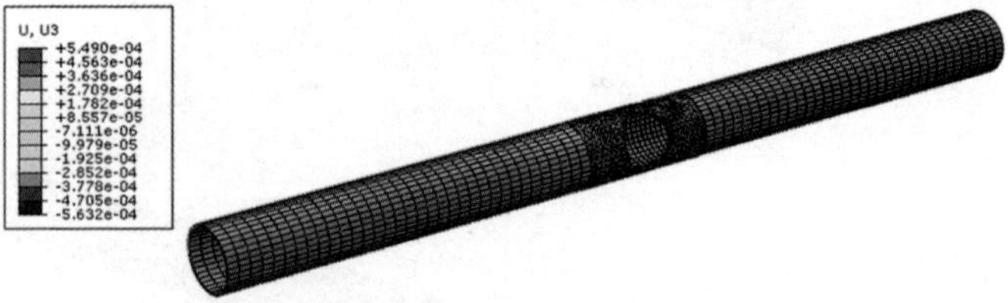

(c)交叉角度90°

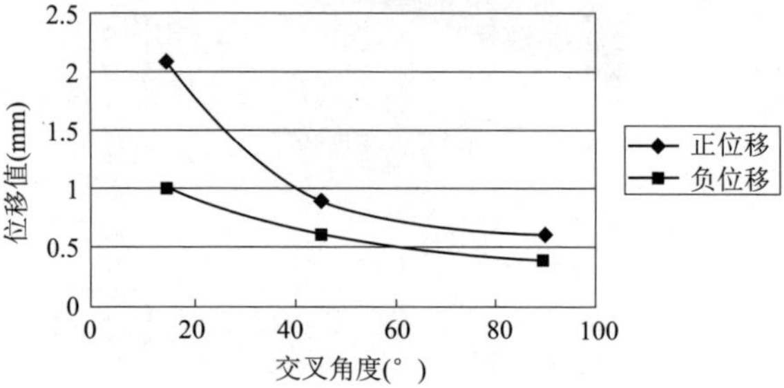

(d)不同交叉角度下位移曲线

图 5.2-20　既有隧道结构 Z 方向位移

从图 5.2-18 可见，不同交叉角度工况下，联络线开挖完成后，既有隧道衬砌在 X 方向位移均朝向隧道中心，由于联络线开挖既有隧道位移在交叉口周围有减小趋势，且交叉角度越小减小趋势越明显。表明联络线开挖影响既有隧道衬砌位移，导致其沿原位移反向移动。X 方向位移最大值随着交叉角度的改变，变化不明显增加，负位移均大于正位移，但绝对值十分接近。交叉角度为 15°时，最大正位移为 6.9 mm，最大负位移为 7.7 mm；交叉角度为 45°时，最大正位移为 5.1 mm，最大负位移为 5.9 mm；交叉角度为 90°时，最大正位移为 5.6 mm，最大负位移为 6.1 mm。

从图 5.2 - 19 可见，不同交叉角度工况下，联络线开挖完成后，既有隧道衬砌在 Y 方向位移情况为：隧道顶部有向下的竖向位移，隧道底部有向上位移，表明隧道顶部下沉，底部有向上隆起的现象。交叉角度越小顶部下沉和底部隆起现象越明显，如交叉角度为 15°时，既有隧道交叉口上方区域均出现明显下沉现象；交叉角度为 45°时，下沉区域明显减小；交叉角度为 90°时，联络线开挖对既有隧道影响较小。Y 方向位移最大值随着交叉角度增大位移值趋于稳定，表明交叉角度越小联络线开挖对既有隧道位移影响越明显。与 X 方向位移不同，Y 方向负位移均小于正位移。交叉角度为 15°时，最大正位移为 20.2 mm，最大负位移为 10.2 mm；交叉角度为 45°时，最大正位移为 11.2 mm，最大负位移为 4.8 mm；交叉角度为 90°时，最大正位移为 9.5 mm，最大负位移为 3.7 mm。

从图 5.2 - 20 可见，不同交叉角度工况下，联络线开挖完成后，既有隧道 Z 方向位移在交叉口附近均出现突变情况，位移绝对值大小在交叉口周围呈蝴蝶状分布。靠近锐角一侧位移均为正，靠近钝角一侧位移均为负，表明既有衬砌在交叉口周围有向交叉口中心变形趋势，且交叉角度越小该趋势越明显。Z 方向位移最大值随着交叉角度而改变，随着交叉角度增大位移值趋于稳定，表明交叉角度越小联络线开挖对既有隧道位移影响越明显。Z 方向负位移均小于正位移，且 Z 方向位移绝对值相比于 X、Y 方向位移较小，交叉角度为 15°时，最大正位移为 2.1 mm，最大负位移为 1.0 mm；交叉角度为 45°时，最大正位移为 0.9 mm，最大负位移为 0.6 mm；交叉角度为 90°时，最大正位移为 0.6 mm，最大负位移为 0.4 mm。

5.3 接线处双连拱隧道偏洞法施工力学分析

5.3.1 双连拱隧道偏洞法施工技术

1. 偏洞法施工工艺

7 号线与 5 号线双连拱隧道采用偏洞法施工，分四部分开挖，每部间距离为 5.0～10.0 m。每部又分上下台阶法施工，每循环开挖进尺严格按设计施作，开挖时严格遵循“管超前、严注浆、短进尺、强支护、快封闭、勤量测”的方针，使开挖支护达到规定的使用功效。

施工顺序如图 5.3－1 所示：(a)施工超前小导管加固地层，分剖开挖土体，及时施作初期支护，封闭支护体系；(b)分段拆除 2、4 部之间的临时中隔墙，一次拆除长度不大于 5.0 m，施作底板防水层，浇筑底板结构混凝土（A 部分），预留结构防水层、钢筋接头；(c)分段拆除剩余临时支护，一次拆除长度不大于 9.0 m；施作防水层，浇筑边洞剩余结构混凝土（B 部分），预留结构防水层、钢筋接头；(d)按图示施工顺序，施工超前小导管加固地层，分剖开挖土体，及时施作初期支护，封闭支护体系；(e)分段拆除 2 道临时中隔壁，一次拆除长度不大于 5.0 m，施作底板防水层，浇筑底板结构混凝土（C 部分），预留结构防水层、钢筋接头；(f)分段拆除剩余临时支撑，一次拆除长度不大于 5.0 m；施作防水层，浇筑结构混凝土（D 部分），完成全部二次衬砌浇筑。偏洞法施工隧道支护参数见表 5.3－1。

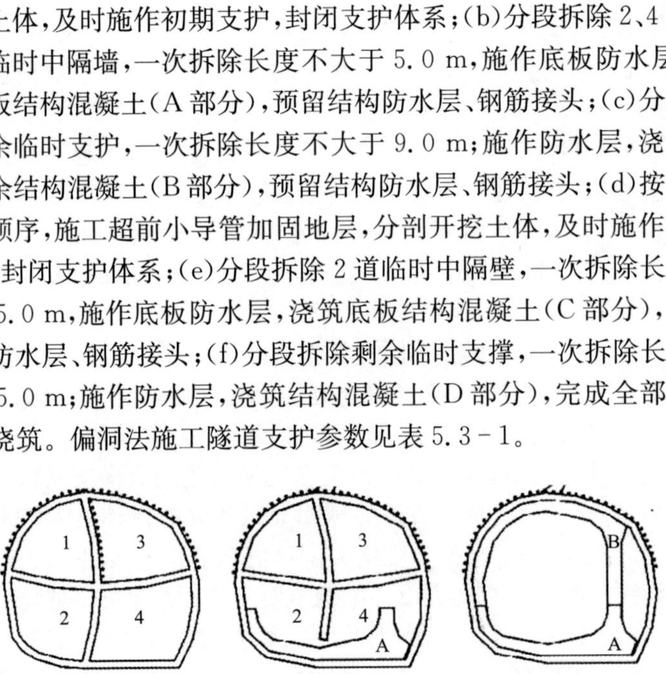

(a) 边洞土体开挖　　(b) 边洞下部二衬施作　　(c) 边洞二衬闭合

图 5.3－1　联络线偏洞法施工顺序

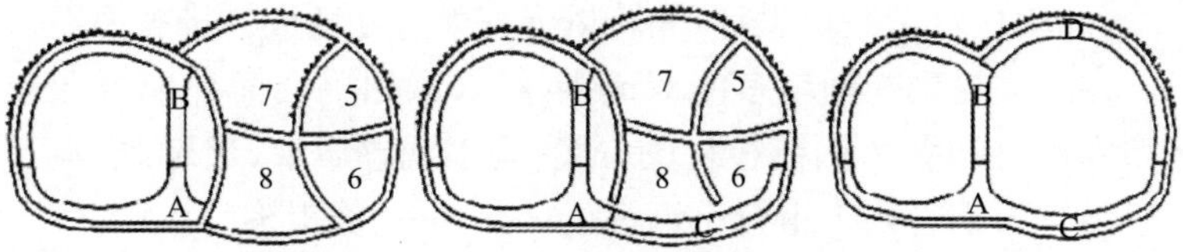

(d) 主洞土体开挖　(e) 主洞下部二衬施作　(f) 主洞二衬闭合

图 5.3-1　联络线偏洞法施工顺序(续)

表 5.3-1　偏洞法施工隧道支护参数表

净空(高×宽)	正洞 7.290 m×5.980 m;联络线 8.467 m×8.030 m
长度	16 m
初期支护	ϕ42 小导管＋ϕ8 钢筋网＋钢格栅@0.5 m＋300 mm 厚 C25 喷射混凝土
二次衬砌	正洞 500 mm;联络线 500 mm;C35,P8 混凝土

2. 偏洞法施工技术要点

由于大断面隧道采用偏洞法施工工程实际经验较少,在施工各环节应做好相关施工准备和施工优化,施工技术要点如下:

(1)立即挂网喷射混凝土封闭全部开挖面,进行钢花管注浆加固;暂停部分导洞开挖,各洞步距控制为 5～10 m,各导洞上台阶开挖长度控制在 4 榀格栅钢架间距,各导洞初期支护尽早封闭成环;

(2)及时进行初期支护背后回填注浆,有效控制地表下沉;

(3)小偏洞中隔墙天梁与小偏洞拱部混凝土一次性浇筑,减少小偏洞一道施工缝的防水薄弱环节;

(4)小偏洞中隔墙天梁施工时,大偏洞施工缝钉小方木条,预留凹槽,便于大偏洞二次衬砌施工时安装止水带;

(5)大偏洞施工缝和拱顶预埋注浆钢管,二次衬砌混凝土达到设计强度后,尽量多注水泥浆,填充缝隙,达到理想的止水效果;

(6)加强混凝土浇筑的现场管理,润滑管道的水和多余水泥砂浆不得入模;

(7)优化台车开窗设计,大跨以下和大跨处增设一排振捣窗口。

在二次衬砌断面较多的双连拱隧道,采用可调简易模板台架+梳型木+可调弧形钢模板衬砌方案,施工观感质量、进度、成本等均优于传统的钢管架+组合小钢模板衬砌方案,值得推广应用。

5.3.2 双连拱隧道偏洞法施工力学

1.数值计算模型

计算采用ANSYS软件进行分析,按照7号线与5号线连接区间最不利工况处进行建模。计算模型共采用6种不同的材料分别模拟各种地层和隧道结构,围岩采用平面单元(plane42),衬砌、中墙采用beam结构单元来模拟,以“杀死”土体单元模拟围岩体开挖。地层的物理力学参数按5号、7号线联络段工程地质勘察报告取值,与上一节相同。边界条件除上部为自由边界外,其余各侧面和底面实施法向约束。数值模拟的施工顺序为:形成初始应力场(地层自重应力场)→边洞分部开挖及支护结构施工→主洞分部开挖及支护结构修建,其开挖步骤如图5.3-2所示。

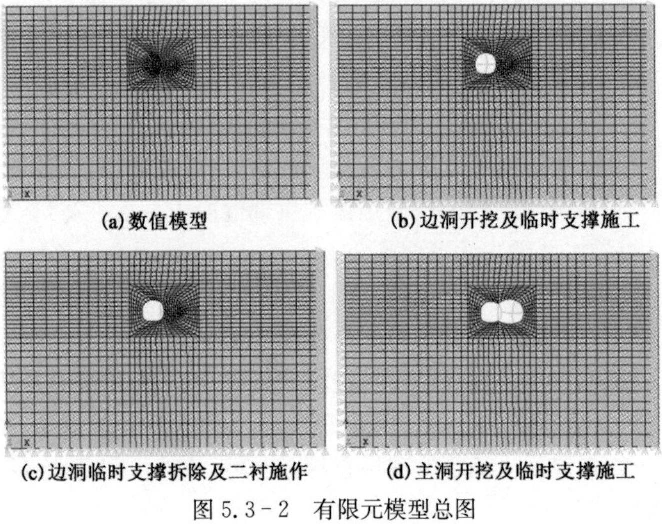

(a)数值模型　(b)边洞开挖及临时支撑施工

(c)边洞临时支撑拆除及二衬施作　(d)主洞开挖及临时支撑施工

图5.3-2　有限元模型总图

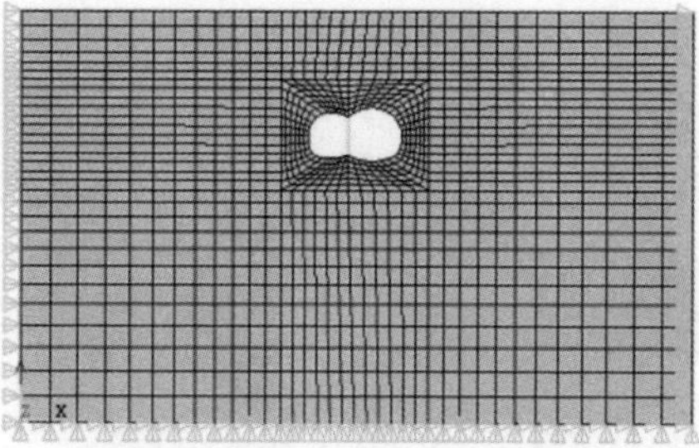

(e)主洞临时支撑拆除及二衬施作

图 5.3-2　有限元模型总图(续)

2.数值计算过程

根据深圳地铁7号线与5号线连接处施工图设计方案,隧道断面开挖、拆撑、支护共分为10步,详见表5.3-2。

表 5.3-2　计算过程

荷载步	说　明	备　注
1	开挖1部岩体,架设临时支撑和中隔墙	
2	开挖2部岩体,架设临时支撑和中隔墙	
3	开挖3部岩体,架设临时支撑和中隔墙	
4	开挖4部岩体,架设临时支撑和中隔墙	边洞封闭支护体系
5	拆除边洞中间临时支撑,浇筑二衬混凝土	边洞二次衬砌浇筑完成
6	开挖5部岩体,架设临时支撑和中隔墙	
7	开挖6部岩体,架设临时支撑和中隔墙	
8	开挖7部岩体,架设临时支撑和中隔墙	
9	开挖8部岩体,架设临时支撑和中隔墙	主洞封闭支护体系
10	拆除主洞中间临时支撑,浇筑二衬混凝土	主洞二次衬砌浇筑完成

3.数值模拟计算结果

通过计算分析,施工过程地层的位移变化主要集中在离隧道结构较近的区域,包括围岩拱脚区和仰拱区,图5.3-3为地层竖向(Y方向)变形分布状况,图5.3-4为地层横向(X方向)变形分布状况。

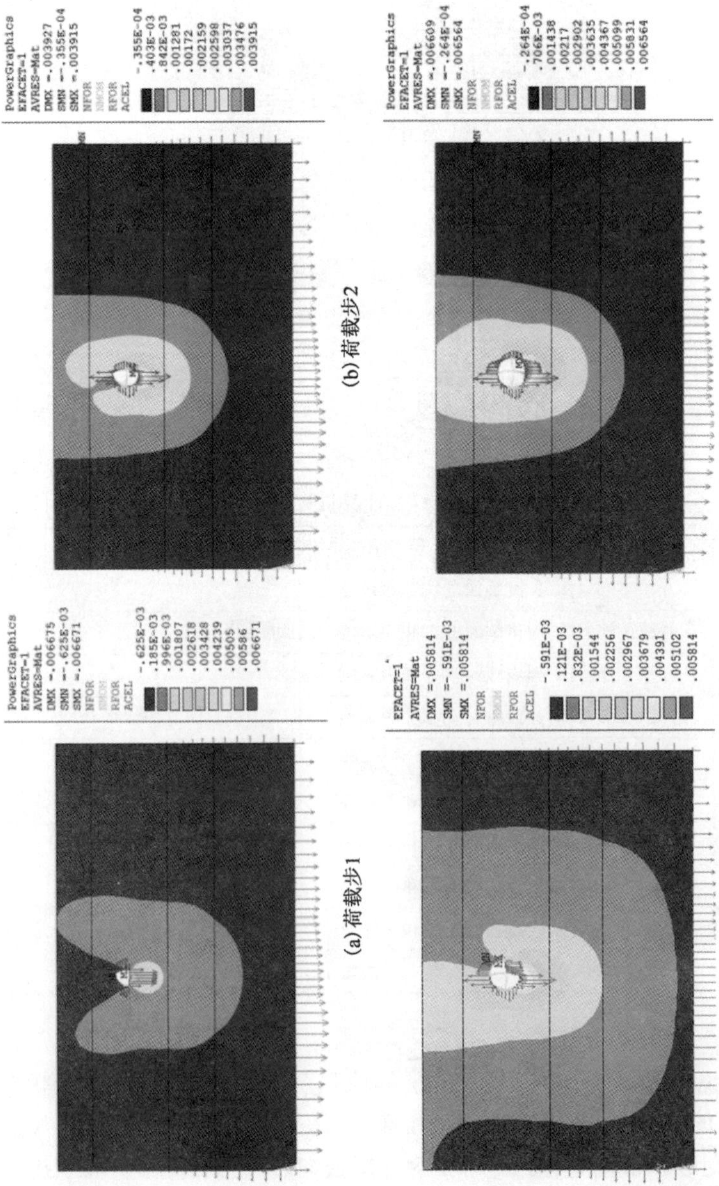

(a) 荷载步1 (b) 荷载步2

(c) 荷载步3 (d) 荷载步4

图 5.3-3 地层竖向变形云图(单位:m)

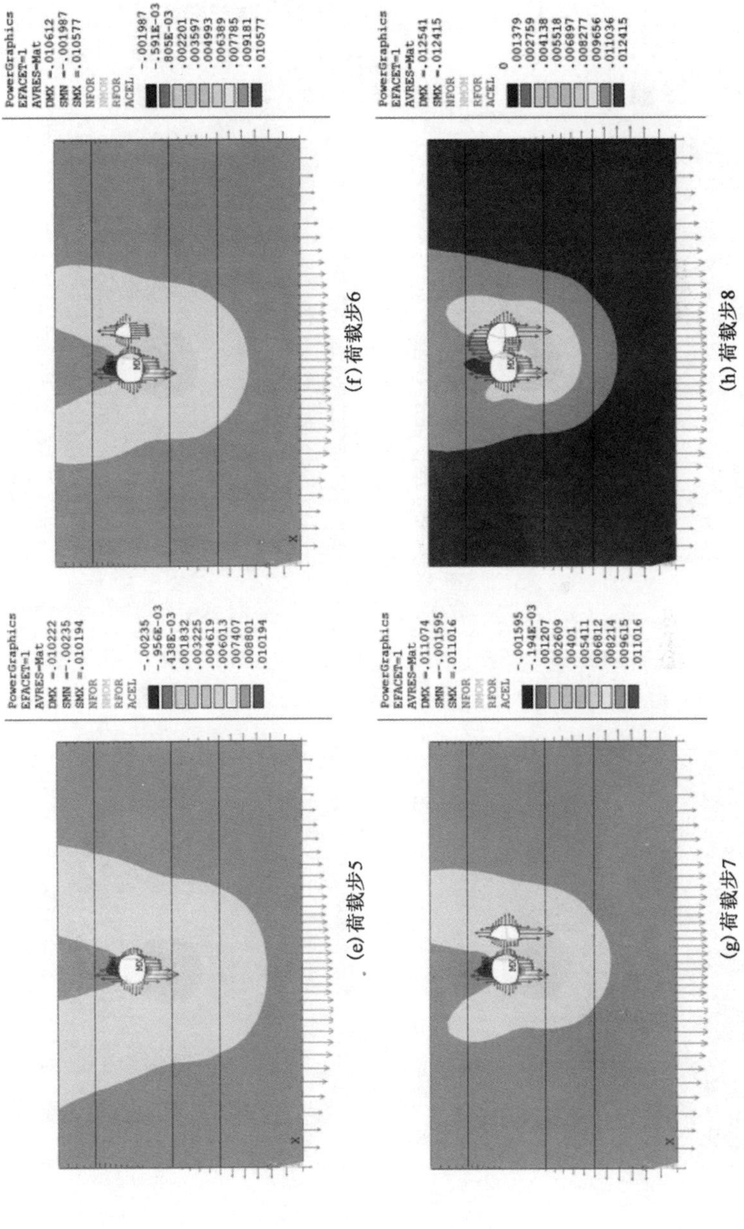

图 5.3-3　地层竖向变形云图(单位:m)(续)

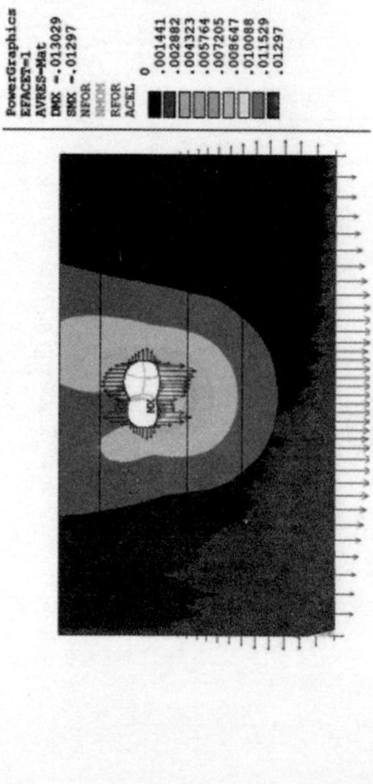

(i) 荷载步9

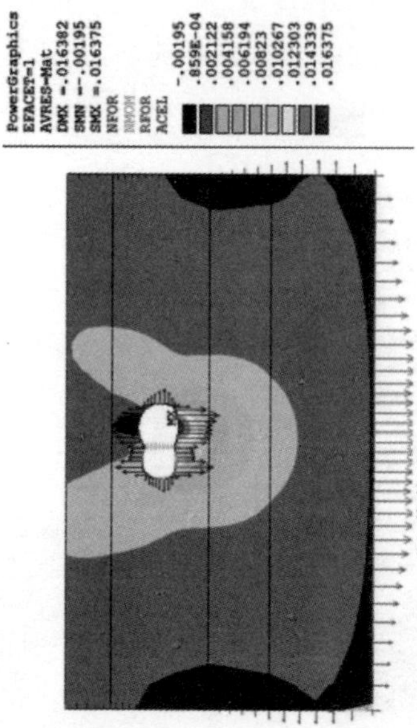

(j) 荷载步10

图 5.3-3　地层竖向变形云图(单位:m)(续)

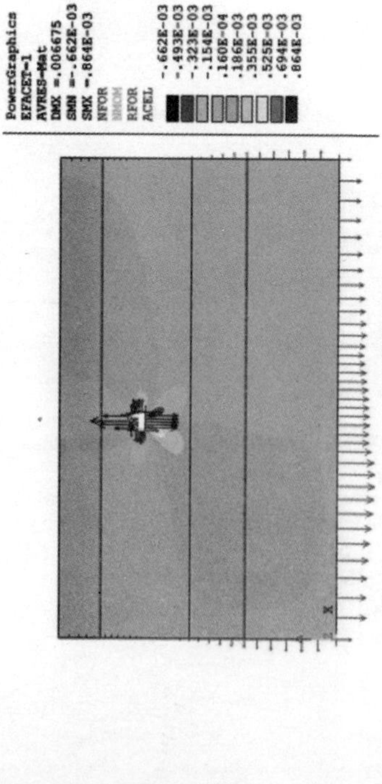

(a) 荷载步1

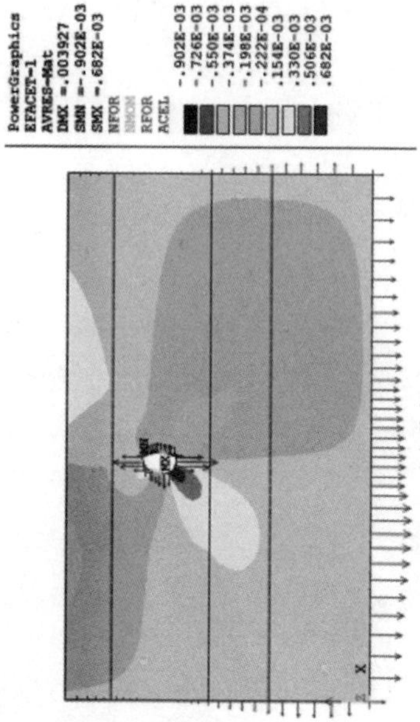

(b) 荷载步2

图 5.3-4　地层横向变形云图(单位:m)

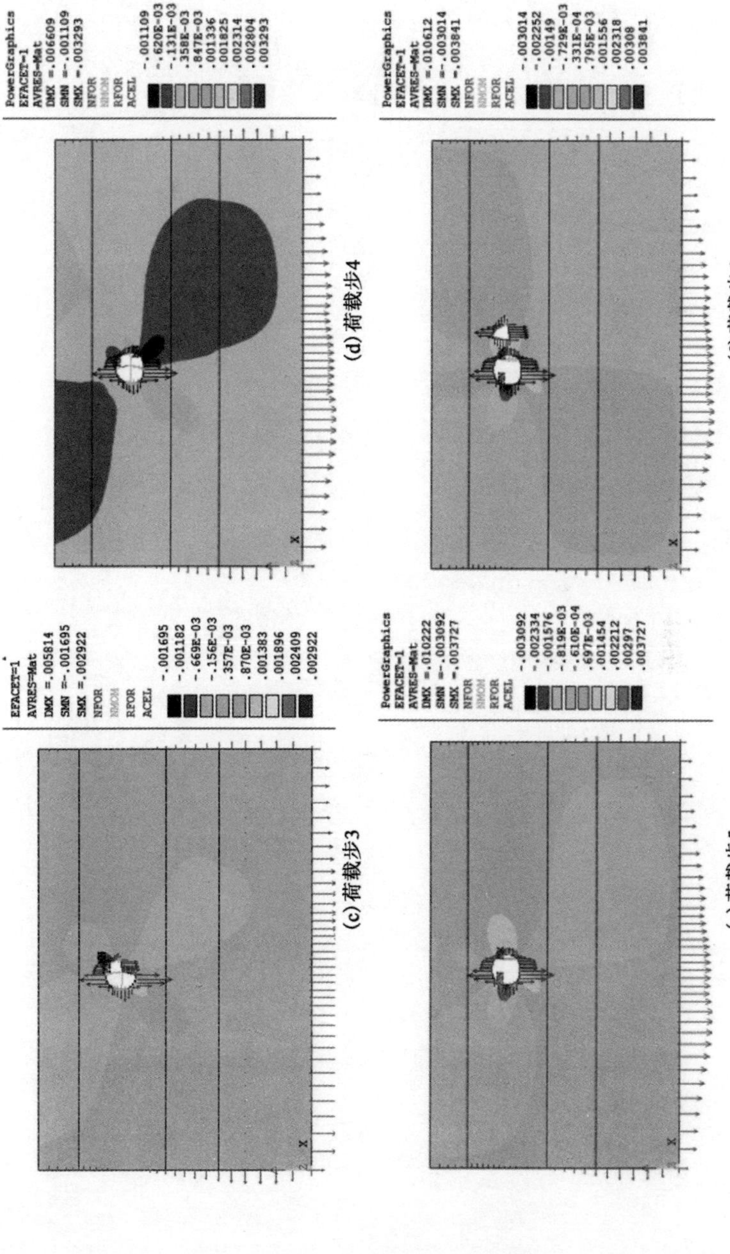

(c) 荷载步3　　(d) 荷载步4

(e) 荷载步5　　(f) 荷载步6

图 5.3-4　地层横向变形云图(单位:m)(续)

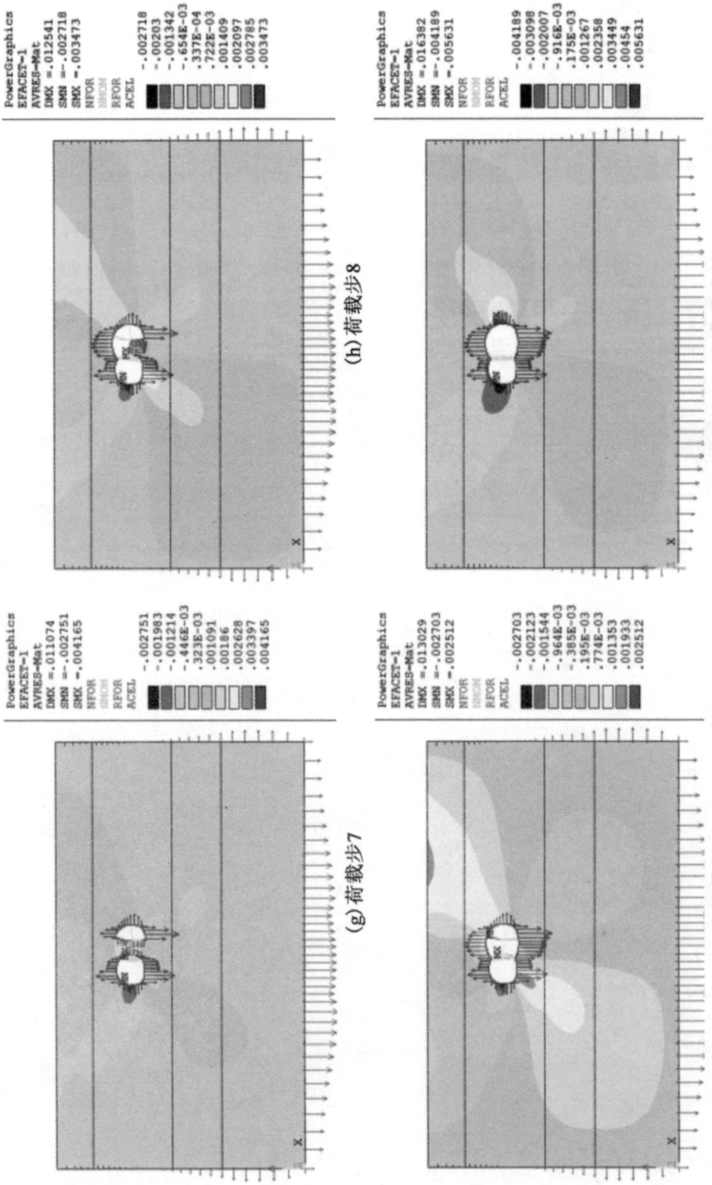

(g) 荷载步7　(h) 荷载步8

(i) 荷载步9　(j) 荷载步10

图 5.3－4　地层横向变形云图(单位:m)(续)

从图 5.3－3 可见,各荷载步工况下地层竖向变形最大值分别为 0.67 cm、0.39 cm、0.58 cm、0.66 cm、1.02 cm、1.05 cm、1.10 cm、1.24 cm、1.30 cm、1.64 cm。由于隧道开挖,隧道周边围岩受到扰动,地层原有平衡被打破并发生变形。地层竖向变形在开挖隧道周围整体呈"U"形分布,隧道拱底围岩发生向上位移即向洞内隆起,拱顶围岩发生向下位移,拱腰围岩同时向洞内移动,表明隧道开挖后洞周围岩均向开挖隧道内部移动。由于边洞和主洞大小不一致,地层位移变形呈不对称分布。

从荷载步 1 即边洞 1 部分岩体开挖,到荷载步 10 即隧道施工完成,地层竖向位移最大值整体呈增大趋势。边洞开挖过程中,即荷载步 1 到荷载步 4,地层竖向位移变形最大值为 0.67 cm,最大值出现在隧道拱底处;且各荷载步位移变形差距较小,仅荷载步 2 围岩竖向变形较小,表明开挖 1 和 2 部分岩体并施作支撑后形成封闭结构,能较好发挥围岩支承作用。从荷载步 4 到荷载步 5,即拆除内部临时支撑,地层竖向位移变形增加明显,表明临时支撑在隧道开挖过程对控制围岩变形有显著作用。荷载步 6 到荷载步 10,即主洞施工过程中,地层位移变形规律与荷载步 1～6 规律基本一致;但开挖过程中位移最大值较大,达到 1.64 cm,最大值出现在隧道拱底处。

从图 5.3－4 可见,各荷载步工况下地层横向变形最大值分别为 0.086 cm、0.068 cm、0.29 cm、0.33 cm、0.37 cm、0.38 cm、0.42 cm、0.35 cm、0.25 cm、0.56 cm。由于隧道开挖,隧道周边围岩受到扰动,地层原有平衡被打破并发生变形。地层横向变形在开挖隧道周围呈蝴蝶状分布,隧道左侧和右侧拱腰围岩向两侧远离洞外方向移动。

从荷载步 1 即边洞 1 部分岩体开挖,到荷载步 10 即隧道施工完成,地层横向位移最大值整体呈增大趋势。边洞开挖过程中,即荷载步 1 到荷载步 4,地层横向位移变形最大值为 0.33 cm,最大值出现在隧道拱脚和拱腰处；且各荷载步位移变形差距较小，仅荷载步 2 围岩横向变形较小，表明开挖 1 和 2 部分岩体并施作支撑后形成封闭结构，能较好发挥围岩支承作用。与竖向变形不同，从荷载步 4 到荷载步 5，即拆除内部临时支撑，地层横向位移变形增加不大，表明临时支撑在隧道开挖过程对控制围岩横向变形影响不大。荷载步 6 到荷载步 10，即主洞施工过程中，地层位移变形规律与荷载步 1～6 规律基本一致；但开挖过程中位移最大值较大，达到 0.56 cm，最大值出现在隧道拱腰处。

各荷载步工况下支护结构弯矩如图 5.3－5 所示，在支护结构相交处和各段支护结构中部出现极值。荷载步 1～4，由于有临时支撑结构的存在，各段支护结构受力在结构连接处突变。

荷载步 1 支护结构最大正弯矩为 273.50 kN·m，出现在开挖洞室左侧结构连接处；最大负弯矩为－160.64 kN·m，出现在右侧结构连接处。荷载步 2 支护结构最大正弯矩为 147.66 kN·m，出现在开挖洞室左侧结构连接处；最大负弯矩为－150.60 kN·m，出现在上、下段支护结构中部。荷载步 3 支护结构最大正弯矩为 360.63 kN·m，出现在开挖洞室顶部结构连接处；最大负弯矩为－163.52 kN·m，出现在右上段支护结构中部。荷载步 4 支护结构最大正弯矩为230.09 kN·m，出现在开挖洞室顶部和底部结构连接处；最大负弯矩为－184.83 kN·m，出现在右下段支护结构中部。荷载步 5，拆除了临时支护结构，施作中墙，支护结构最大正弯矩为 315.34 kN·m，出现在衬砌结构左侧拱脚处；最大负弯矩为－426.05 kN·m，出现在衬砌结构拱底处，中墙弯矩较小为 68.21 kN·m。荷载步 6～10 支护结构弯矩情况与荷载步 1～5 分布规律基本一致。

各荷载步工况下支护结构受力，最大正弯矩为 498.76 kN·m，出现在主洞拱底；最大负弯矩为－779.70 kN·m，出现在主洞和边洞衬砌连接处。

各荷载步工况下支护结构轴力如图5.3-6所示，在支护结构相交处和各段支护结构中部出现极值，各工况下支护结构轴力值最大值均为负值，表明整个施工过程支护结构受压。荷载步1支护结构最大轴力值为605.17 kN，出现在开挖洞室左侧结构连接处；荷载步2支护结构最大轴力值为620.03 kN，出现在开挖洞室左侧结构连接处；荷载步3支护结构最大轴力值为871.72 kN，出现在洞内竖向支撑上部；荷载步4支护结构最大轴力值为750.716 kN，出现在洞内竖向支撑上部，且在该工况下洞内横向支撑轴力值出现正值；荷载步5支护结构最大轴力值为1 010.00 kN，出现在衬砌结构拱腰处。荷载步6～10与荷载步1～5轴力分布规律一致。随着主洞施工完成，中墙受力逐步增大，且最终中墙承受主要轴力值，即支护结构轴力最大值出现在中墙。

各荷载步工况下支护结构受力，最大轴力值为2 000.00 kN，出现在中墙处。中墙受力突变出现在荷载步9，即主洞岩体完全开挖后，中墙受力急剧增大。

5.4　小　　结

本章针对联络线与既有线路交叉口部位，建立地层-交叉结构三维数值计算模型，对不同交叉角度下联络线施工对既有线路的受力和变形影响进行分析。结果表明，联络线修建会使联络线与既有结构连接处出现应力集中以及变形增大的现象，其中，锐角侧应力集中和变形明显大于交叉另一侧，在交叉处拱底出现拉应力最大值，在拱腰处出现压应力最大值。当交叉角度为15°、45°和90°时，应力最大值分别为43.11 MPa、16.45 MPa和9.75 MPa，最大变形量分别为20.2 mm、11.2 mm和9.4 mm。表明交叉角度越小，隧道衬砌结构应力集中现象与变形越明显，更需要进行加固措施。

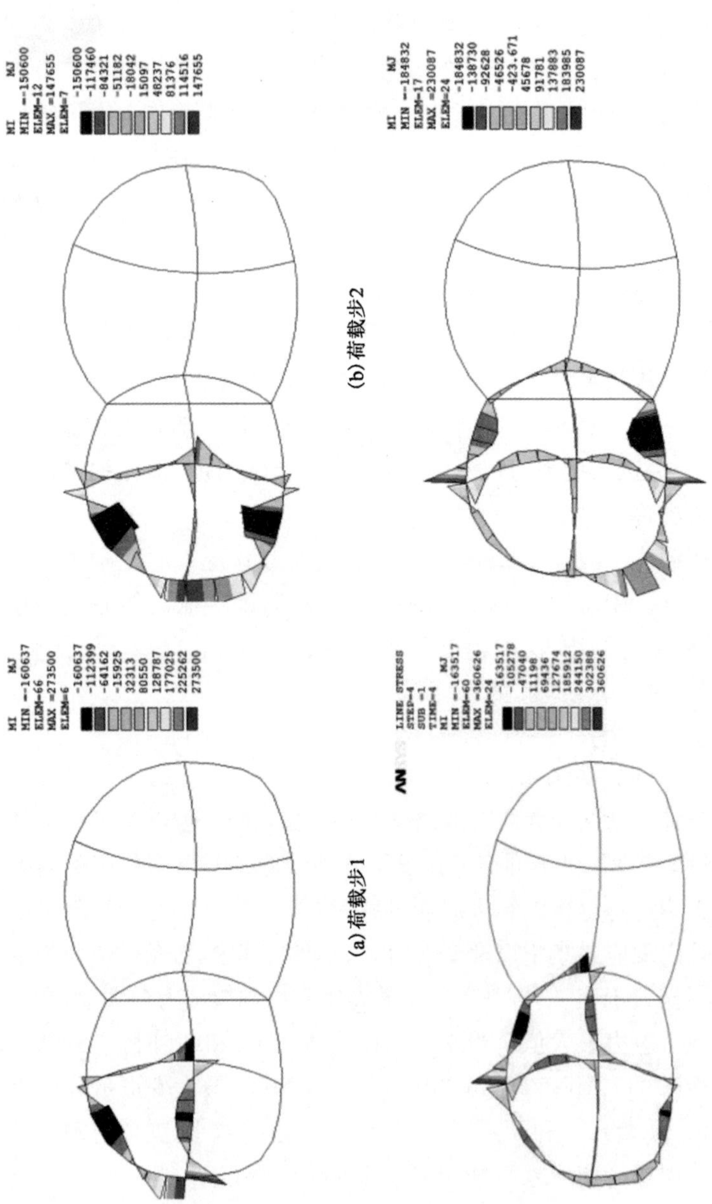

(a) 荷载步1

(b) 荷载步2

(c) 荷载步3

(d) 荷载步4

图 5.3-5 各荷载步支护结构弯矩图(单位:N·m)

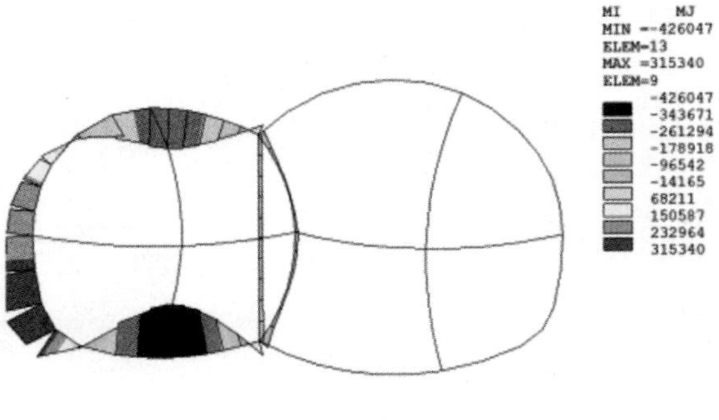

(e) 荷载步5

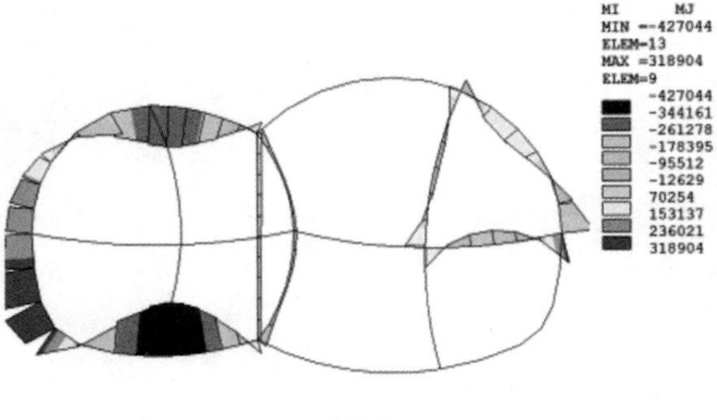

(f) 荷载步6

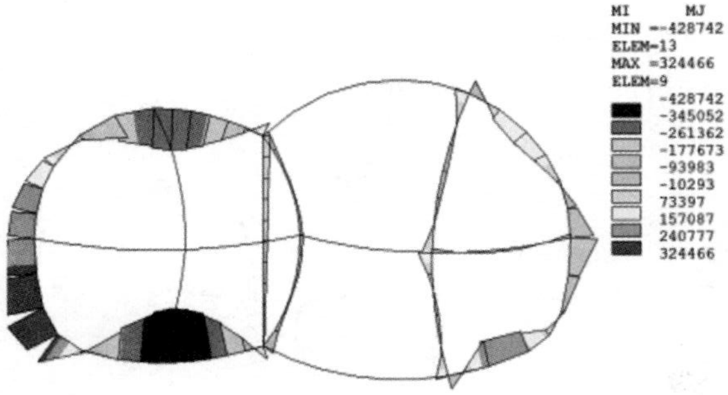

(g) 荷载步7

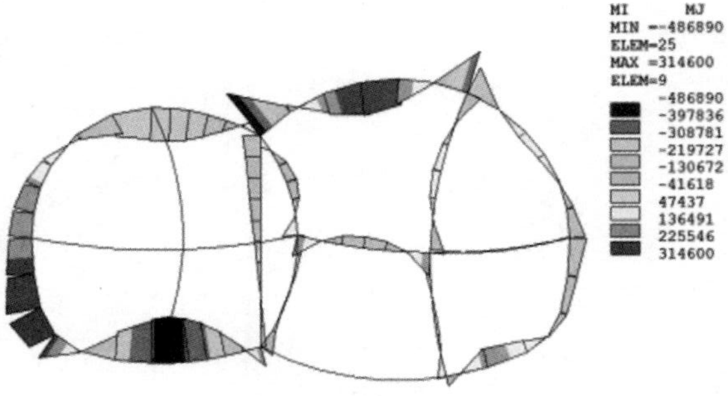

(h) 荷载步8

图 5.3-5 各荷载步支护结构弯矩图(单位:N·m)(续)

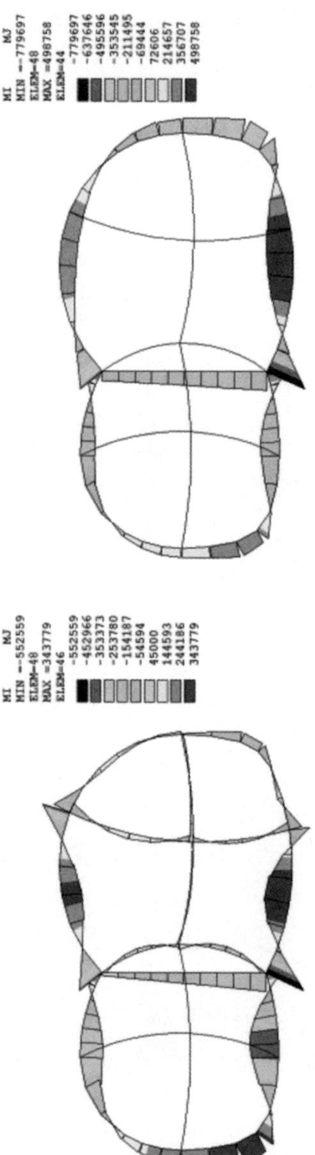

(i) 荷载步9　(j) 荷载步10

图 5.3-5　各荷载步支护结构弯矩图(单位:N·m)(续)

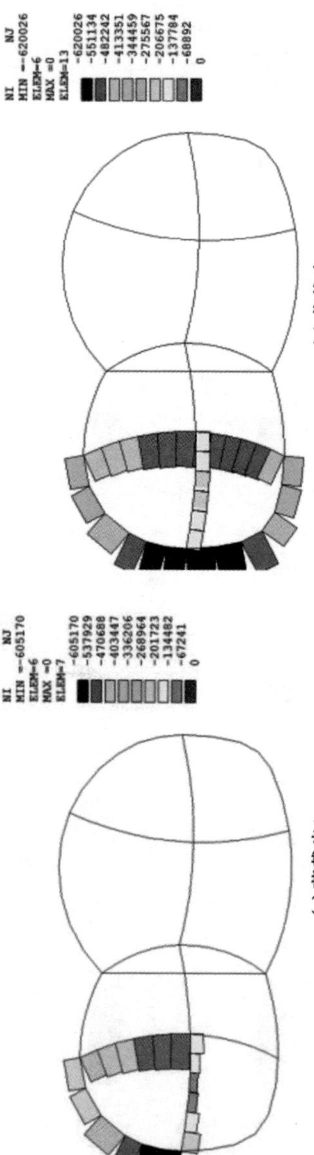

(a) 荷载步1　(b) 荷载步2

图 5.3-6　各荷载步支护结构轴力图(单位:N)

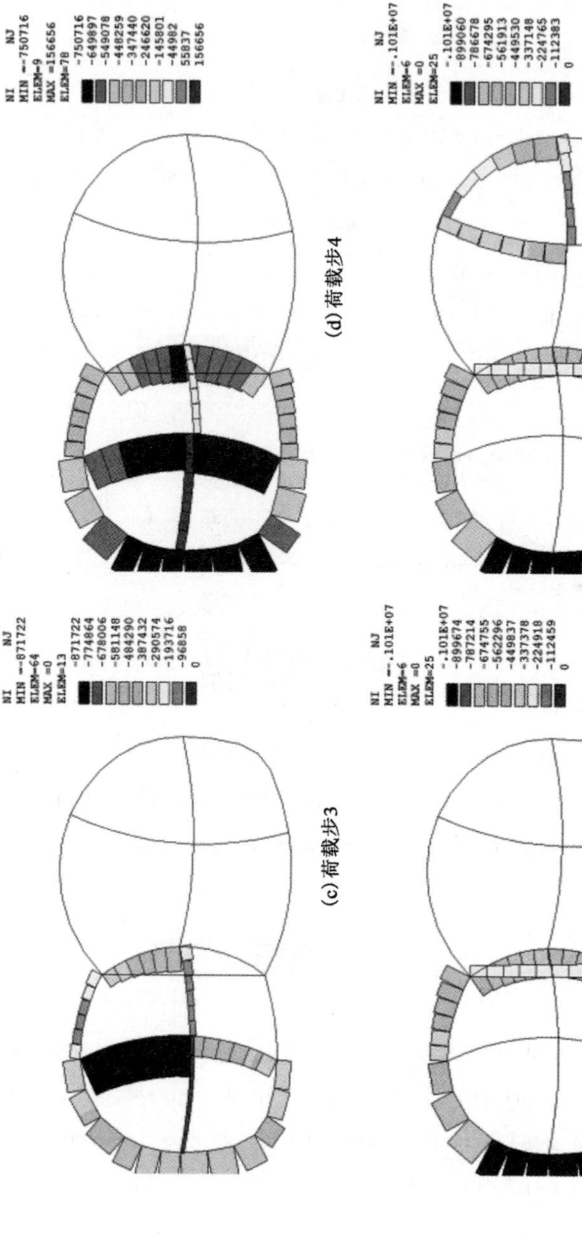

(c) 荷载步3

(d) 荷载步4

(e) 荷载步5

(f) 荷载步6

图 5.3-6　各荷载步支护结构轴力图(单位:N)(续)

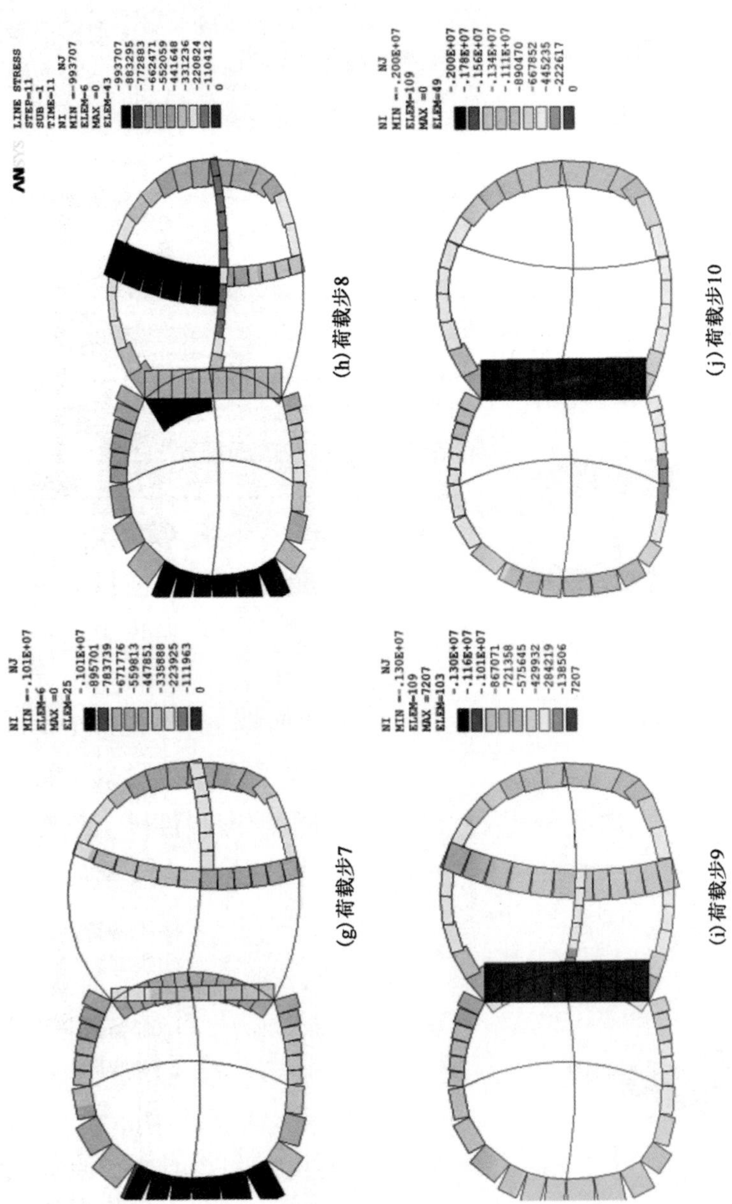

(g) 荷载步7

(h) 荷载步8

(i) 荷载步9

(j) 荷载步10

图 5.3-6 各荷载步支护结构轴力图(单位:N)(续)

在采用偏洞法对联络线与既有线路进行贯通施工过程中，地层竖向位移与水平位移最大值整体呈增大趋势。其中，边洞开挖过程中，地层竖向位移变形最大值为 0.67 cm，拆除内部临时支撑时，地层竖向位移变形增加明显，表明临时支撑在隧道开挖过程对控制围岩变形有显著作用；主洞施工过程中，地层位移变形规律与边洞基本一致，但开挖过程中位移最大值较大，达到 1.64 cm，最大值出现在隧道拱底处。而在水平位移方面，主洞开挖与边洞开挖规律大致相同，但数值稍大，约 0.56 cm，最大值出现在隧道拱腰处。随荷载步增加，支护结构受力逐渐增大，最大正弯矩为 498.76 kN · m，出现在主洞拱底；最大负弯矩为－779.70 kN · m，出现在主洞和边洞衬砌连接处；最大轴力值为 2 000.00 kN，出现在中墙处。其中当主洞岩体完全开挖后，中墙受力急剧增大，由于施工工序复杂，临时支撑的架设与拆除使得结构受力转换明显，部分结构出现弯矩反向的情况，因此在施工中应提前对围岩和衬砌进行加固处理，避免联络线交叉部位施工过程中出现结构受力不利以及位移过大现象，导致地铁结构破坏引发工程事故。

通过对比可以看出，采用双连拱偏洞法对联络线与既有线路交叉部位进行施工能合理简化交叉部位尖角结构，有效避免线路交叉结构的应力集中与变形过大的情况。

第6章　既有建筑地基合理加固深度分析

6.1　不同加固深度下既有建筑位移分析

对隧道正穿的三栋建筑物在加固深度1 m、2 m、3 m和4 m下进行联络线隧道施工力学数值模拟分析，以加固深度3 m分析联络线隧道施工对既有建筑位移的影响规律，确定最合理的地基加固深度。

6.1.1　壮丽商厦

加固后竖向位移如图6.1－1所示，水平位移如图6.1－2所示。结合未加固结果对比可知，加固后的房屋竖向与水平变形分布与未加固的大致相同，最大竖向变形发生在隧道正上方的尖角处，同时数值上有一定程度的降低；加固后的地层变形分布具有明显的变化。

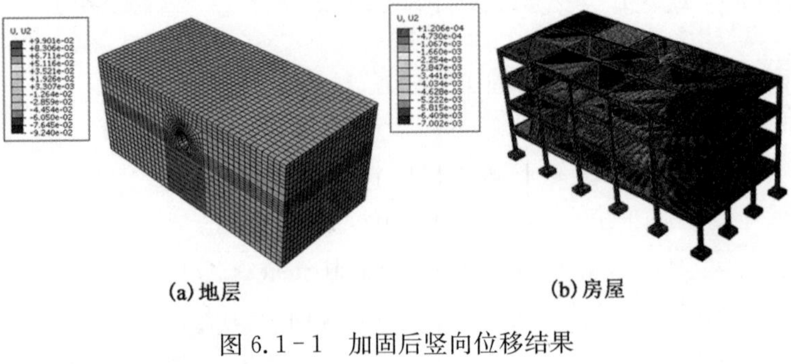

(a) 地层　　(b) 房屋

图6.1－1　加固后竖向位移结果

4条监测路径的沉降结果绘制于图6.1－3中。加固前后地表沉降分布规律和数值都有一定的差别，加固前地表沉降受建筑物影响较大,沉降曲线呈锯齿状;加固后地表沉降受建筑物影响较小,曲线较圆滑。加固后路径 1～4 的最大沉降量分别为 8.54 mm、8.10 mm、8.64 mm 和 9.18 mm,与未加固相比,最大地表沉降量减小 56.8%。

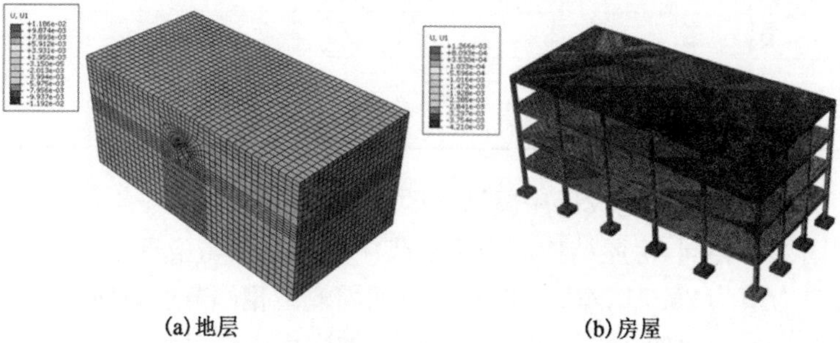

图 6.1－2　加固后水平位移结果

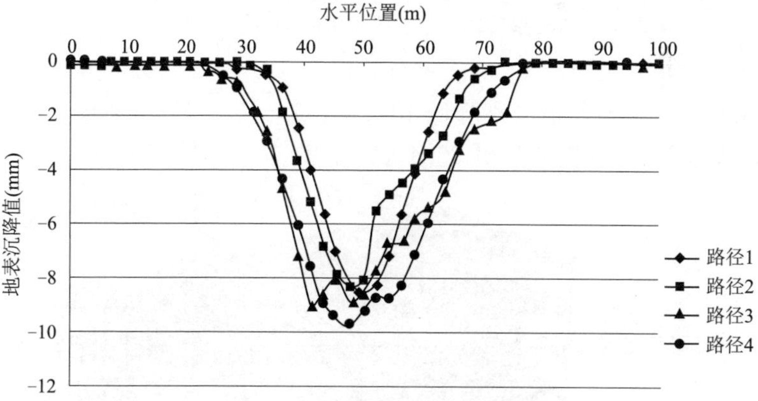

图 6.1－3　不同路径地表沉降曲线

提取加固后房屋基础各监测点的最终沉降量列于表 6.1－1 中,通过表中数据计算可知,房屋基础之间的最大沉降差为 2.21 mm,房屋最大倾斜值为0.000 3,与未加固相比分别降低61.3%、72.7%。

表 6.1-1 基础各监测点沉降量(单位:mm)

监测点	1	2	3	4
A	−3.81	−4.95	−6.14	−6.91
B	−4.83	−5.12	−5.42	−5.54
C	−4.45	−4.01	−3.44	−3.39
D	−3.11	−3.83	−1.92	−1.61
E	−1.44	−0.91	−0.71	−0.59
F	−2.23	−0.016	0.026	0.036

加固后开挖完成后房屋结构的应力分布如图 6.1-4 所示,与未加固结果相同,房屋结构应力主要集中在柱体及与梁板结合部位,最大应力值为 25.74 MPa。提取与未加固模型相同节点处应力增量随开挖步的变化曲线如图 6.1-5 所示,加固后由隧道开挖引起的房屋结构应力增量最大为 2 MPa,与未加固相比降低明显。

表 6.1-2 为地表加固深度分别为 1 m、2 m、3 m 和 4 m 时的计算结果,与未调整加固结果相比,地表沉降量分别降低 21.2%、37.2%、56.8%和 61.2%,房屋沉降差分别降低 20.1%、39.8%、61.3%和 63.4%,房屋倾斜值分别降低 18.2%、36.4%、72.7%和 73.2%,房屋结构应力增量分别降低 33.4%、53.6%、74.4%和 75.5%。

图 6.1-4 加固后房屋应力结果

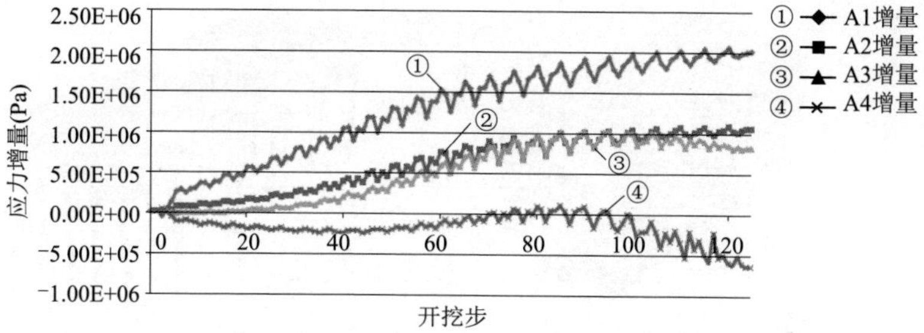

图 6.1－5　房屋应力增量变化曲线

表 6.1－2　壮丽商厦段不同加固深度结果

加固深度	地表沉降量(mm)	房屋沉降差(mm)	房屋倾斜值	房屋结构应力增量(MPa)
1 m	16.74	4.56	0.000 9	5.33
2 m	13.34	3.44	0.000 6	3.71
3 m	9.18	2.21	0.000 3	2.05
4 m	8.24	2.09	0.000 3	1.96

6.1.2　西丽幼儿园

地层与房屋的竖向和水平变形如图 6.1－6、图 6.1－7 所示，与未加固围岩的情况对比可知，加固前后的房屋变形分布规律相似，在隧道正上方结构发生较大竖向位移，水平位移主要发生在房屋基础下部，变形量有一定减少；加固后的地层表面变形程度明显降低。

3 条监测路径的沉降结果绘制于图 6.1－8 中。由于地层的加固作用，使得建筑物基础对地层影响减少，加固后 3 条路径的沉降规律大致相同。加固后 3 条路径的最大沉降量分别为 8.5 mm、8.7 mm 和 8.4 mm，与未加固相比，减小 42.4%。

表 6.1－3 为加固后房屋基础各监测点的最终沉降量，通过计算可知，房屋基础之间的最大沉降差为 3.71 mm，与未加固相比降低 56.6%。

(a) 地层　　(b) 房屋

图 6.1-6　加固后竖向位移结果

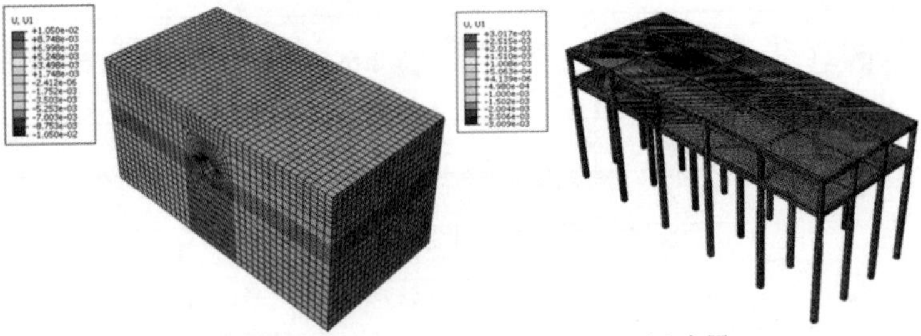

(a) 地层　　(b) 房屋

图 6.1-7　加固后水平位移结果

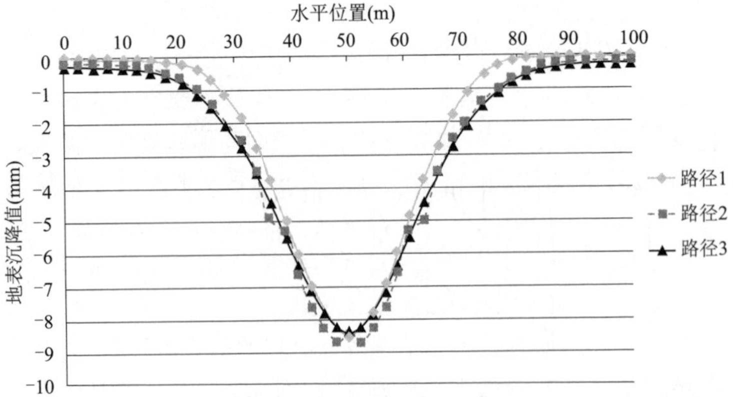

图 6.1-8　不同路径地表沉降曲线

表 6.1-3　基础各监测点沉降量(单位:mm)

监测点	A	B	C	D	E	F
1	−1.37	−3.42	−6.62	−6.65	−3.44	−1.39
2	−1.67	−3.80	−7.40	−7.47	−3.81	−1.70
3	−1.96	−4.20	−7.73	−7.77	−4.22	−1.99
4	−2.20	−4.54	−8.22	−8.27	−4.57	−2.22

在地层加固模型中，隧道开挖完成后房屋结构的应力分布情况如图 6.1-9 所示，房屋各部分应力分布与大小同未加固时大体上一致，即结构应力主要集中在第一层结构的柱体以及柱与梁板结合处，最大应力值为 67.36 MPa。绘制加固后模型结果中 C 排房屋柱与第一层梁板结合处的应力增量随开挖步的变化曲线如图 6.1-10 所示，从图中可知，最大应力增量值约为 2.07 MPa。

图 6.1-9　加固后房屋应力结果

绘制加固后 C 排房屋柱与第一层梁板结合处的应力增量随开挖步的变化曲线如图 6.1-10 所示，最大应力增量值约为 2.07 MPa。表 6.1-4 为地表加固深度分别为 1 m、2 m、3 m 和 4 m 时的计算结果，与未调整加固结果相比，地表沉降量分别降低 14.0%、25.4%、42.3%和 46.1%，房屋沉降差分别降低 18.5%、34.4%、56.6%和62.3%，房屋结构应力增量分别降低22.3%、45.4%、66.1%和69.0%。

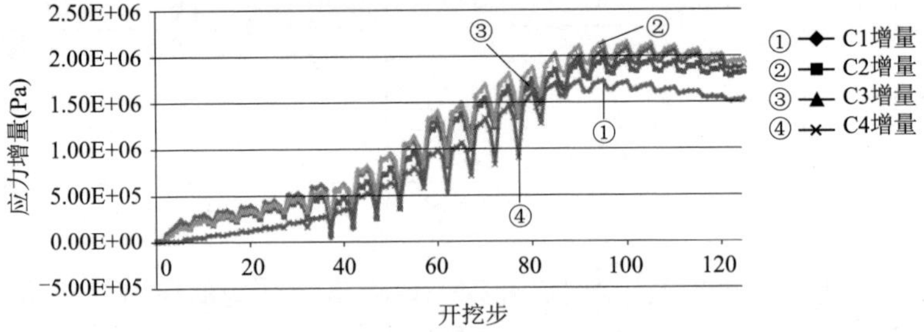

图 6.1-10　房屋应力增量变化曲线

表 6.1-4　西丽幼儿园段不同加固深度结果

加固深度	地表沉降量(mm)	房屋沉降差(mm)	房屋结构应力增量(MPa)
1 m	12.98	6.96	4.74
2 m	11.26	5.60	3.33
3 m	8.70	3.71	2.07
4 m	8.14	3.22	1.89

6.1.3　留仙宾馆

地层与房屋的竖向和水平变形如图 6.1-11、图 6.1-12 所示，与未加固结果相比，加固后的房屋竖向与水平变形分布与未加固的大致相同，最大竖向变形发生在隧道正上方的尖角处，但数值上有很大程度的降低；加固后的地层变形分布发生了显著变化。

4 条监测路径的沉降结果绘制于图 6.1-13 中。加固前后地表沉降分布规律和数值都有一定的差别，加固前地表沉降受建筑物影响较大，沉降曲线呈锯齿状；加固后地表沉降受建筑物影响较小，曲线较圆滑。加固后地表最大沉降量为 9.35 mm，与未加固相比，减小 62.3%。

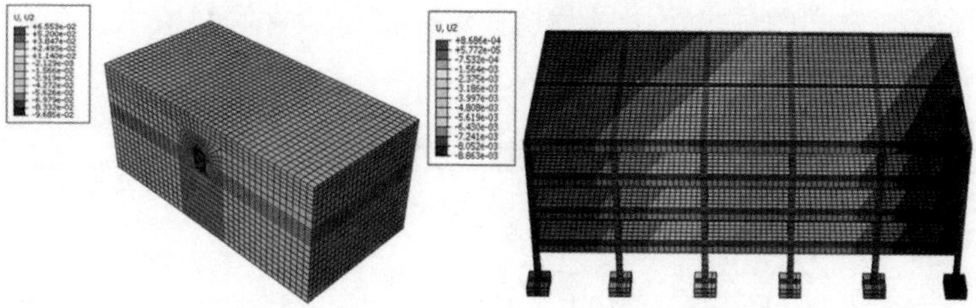

(a) 地层　　(b) 房屋

图 6.1-11　加固后竖向位移结果

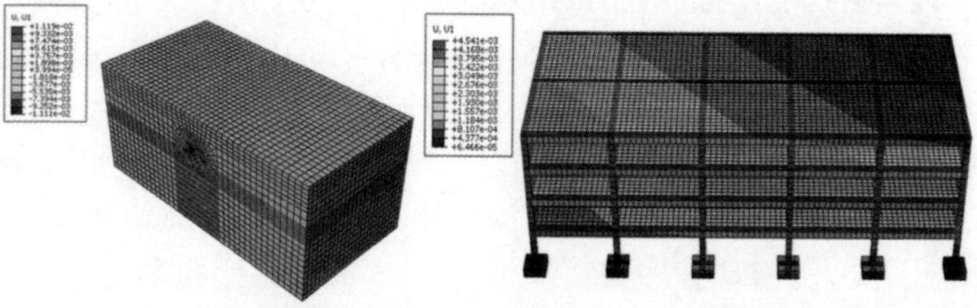

(a) 地层　　(b) 房屋

图 6.1-12　加固后水平位移结果

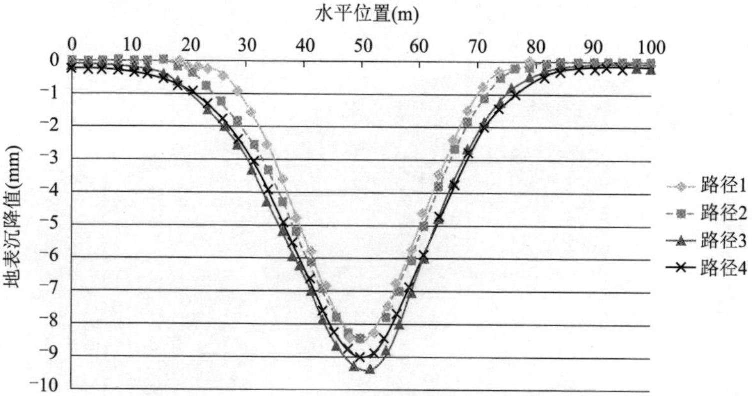

图 6.1-13　不同路径地表沉降曲线

提取加固后房屋基础各监测点的最终沉降量列于表 6.1-5 中，

房屋基础之间的最大沉降差为 2.9 mm,房屋最大倾斜值为 0.000 4,与未加固相比分别降低 49.5%、42.8%。

表 6.1-5 基础各监测点沉降量(单位:mm)

监测点	A	B	C	D	E	F
1	0.15	−0.99	−2.65	−4.70	−6.96	−8.63
2	0.54	−0.33	−1.56	−3.32	−5.62	−8.19
3	0.71	0.06	−0.83	−2.17	−4.15	−6.69

加固后房屋结构的应力分布如图 6.1-14 所示,房屋结构应力主要集中在柱体及与梁板结合部位,最大应力值为 25.74 MPa。房屋应力增量变化如图 6.1-15 所示,与未加固时相比,房屋应力增量最大值有所降低,最大增量值不超过 2 MPa。表 6.1-6 为联络线隧道开挖穿过留仙宾馆段地表加固深度分别为 1 m、2 m、3 m 和 4 m 时的计算结果,与未调整加固结果相比,地表沉降量分别降低 28.9%、44.4%、62.3%和 64.2%,房屋沉降差分别降低 15.7%、31.0%、49.4%和 59.4%,房屋倾斜值分别降低 14.3%、28.6%、42.9%和 48.6%,房屋结构应力增量分别降低 14.8%、34.1%、52.2%以及 60.8%。

图 6.1-14 加固后房屋应力结果

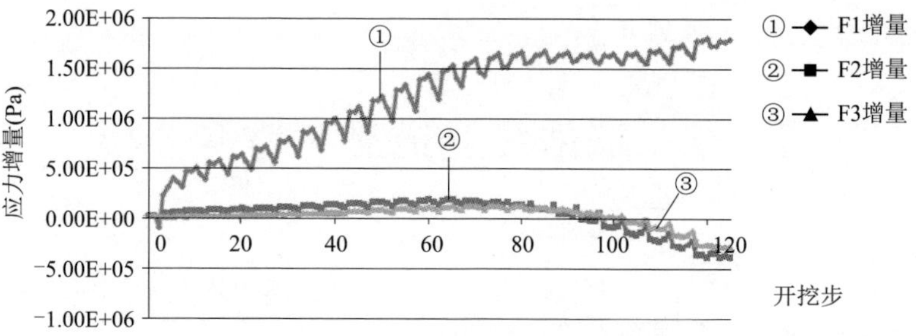

图 6.1-15　房屋应力增量变化曲线

表 6.1-6　留仙宾馆段不同加固深度结果

加固深度	地表沉降量(mm)	房屋沉降差(mm)	房屋倾斜值	房屋结构应力增量(MPa)
1 m	17.65	4.84	0.000 6	3.15
2 m	13.79	3.96	0.000 5	2.44
3 m	9.35	2.90	0.000 4	1.77
4 m	8.89	2.33	0.000 4	1.45

6.2　合理加固深度

地表加固深度为 1 m、2 m、3 m 和 4 m 时，地表沉降、房屋变形以及由开挖引起的房屋应力增量分别降低 14%～30%、25%～45%、49%～70%和 50%～75%。当地表加固深度到 3 m 以后，由联络线开挖引起地层沉降、房屋结构变形和应力增量数值相差较小，施工控制效果相当，从经济的角度出发，建议施工时地表土层加固深度取为 3 m。

第 7 章　联络线隧道施工监测分析

7.1　监测项目

监测项目及其方法、监测断面设置距离、监测频率、监测报警值和控制值列于表 7.1 中。

7.2　测点布置

隧道测点布置如图 7.2－1 和图 7.2－2 所示，具体布置为：

(1)地表沉降：原则上沿纵向每30 m一个监测断面，每个断面测点之间间距为 5 m，直到隧道开挖影响范围之外，每天监测不少于 2 次。

(2)隧道拱顶下沉：原则单洞布 2 个点，每 30 m 一个断面。

(3)水平收敛：在两侧拱墙各布 1 点，每 30 m 一个断面。

(4)格栅应力及二衬钢筋应力：单洞 12/2 个点，且两边对称，50 m 一个断面。

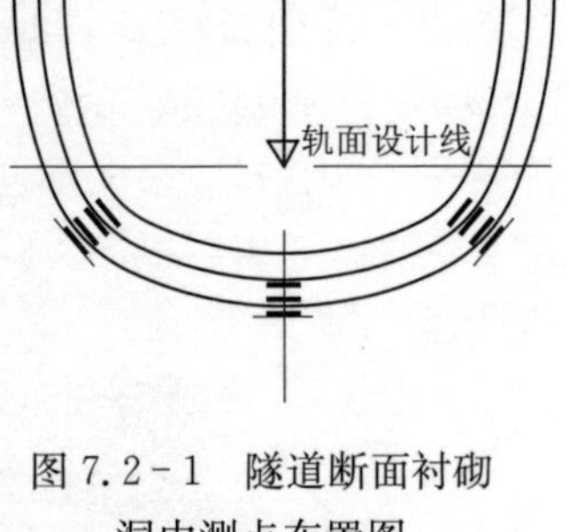

图 7.2－1　隧道断面衬砌洞内测点布置图

表 7.1　监测项目表

类别	序号	观测名称	图例	方法及工具	断面距离	量测频率	测点数量	监测报警值	监测控制值
A类量测	1	地层及支护情况观察		现场观察及地质描述		每次开挖后立即进行			
	2	地表沉陷	▽	精密水准仪，钢尺	纵向每10 m一个断面	开挖面距离测量断面前后<2B时，1次/天 开挖面距离测量断面前后≤5B时，1次/2天 开挖面距离测量断面前后>5B时，1次/周	224个	25 mm	30 mm
	3	邻近构筑物不均匀沉降	▽	精密水准仪，钢尺	根据现场情况布点，一般于建筑物转角处		34个		
	4	管线沉降	▽	精密水准仪，钢尺	根据管线产权单位要求，若无要求暂按沿管线纵向每10 m布置1点		45个		
	5	拱顶下沉	↓	精密水准仪，钢尺	沿隧道纵向每5 m一个断面，每个断面1个测点		172个	隧道预留变形量的80%	按隧道预留变形量控制
	6	洞内收敛	—□—	收敛计	沿隧道纵向每5 m一个断面，每个断面1对线		172个	25 mm	30 mm
	7	爆破震动		振动监测仪		每次爆破时			

续上表

类别	序号	观测名称	图例	方法及工具	断面距离	量测频率	测点数量	监测报警值	监测控制值
A类量测	8	地下水位观测		水位管，地下水位仪	沿隧道纵向每30～100 m布置1个断面，必要时需加密	每次爆破时	18个		
	9	冻结施工监测							
B类量测	10	底部隆起		精密水准仪，钢尺	沿隧道纵向每10 m一个断面 每个断面1个测点	开挖面距离测量断面前后<2B时，1次/天 开挖面距离测量断面前后≤5B时，1次/2天 开挖面距离测量断面前后>5B时，1次/周	86个	8 mm	10 mm
	11	土体水平位移		测斜管、测斜仪	同上		86个		
	12	土体垂直位移		沉降管、分层沉降仪	同上		86个		
	13	围岩与喷层间接触压力		压力盒	选取5个代表性断面				
	14	初衬、钢架应力		钢筋计	选取5个代表性断面			钢筋强度设计值的60%	钢筋强度设计值的70%

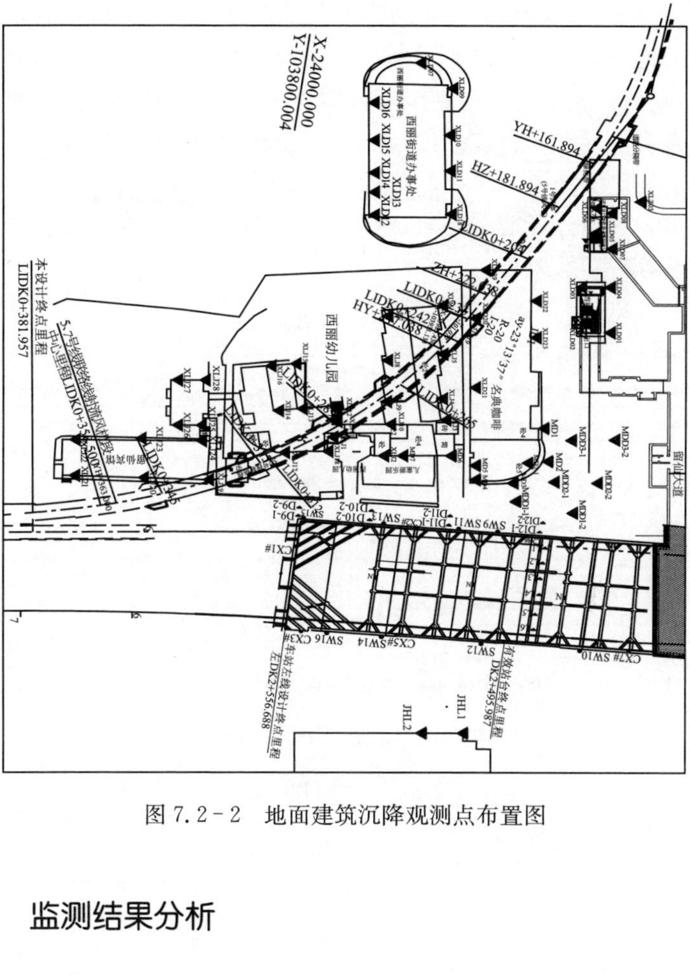

图 7.2-2　地面建筑沉降观测点布置图

7.3　监测结果分析

根据5号、7号联络线监测汇总结果,联络线开挖通过各建筑物段下方时周边沉降观测结果统计如图 7.3-1、图 7.3-2 所示。将监测数据与数值计算对比可知,现场监测曲线反映出的沉降规律与数值计算结果大致相同,即当隧道开挖至建筑物下方时,建筑物附近地表测点沉降值显著增加,当隧道开挖通过房屋后,各测点沉降值逐渐趋于稳定。

图 7.3－3 与图 7.3－4 为隧道开挖正穿三栋建筑物时地表曲线与最大地表沉降量的数值计算与监测结果的对比情况，从图中可以看出，隧道开挖引起房屋结构下方地表沉降表现为槽型趋势，因房屋基础影响，沉降槽曲线在房屋下方呈现出不光滑的现象，数值计算结果与现场监测结果规律相似，但实际沉降与计算结果相比数值较大，这是由于数值计算地层均匀，模拟做了一定的简化，加上现场情况十分复杂等差异所致。

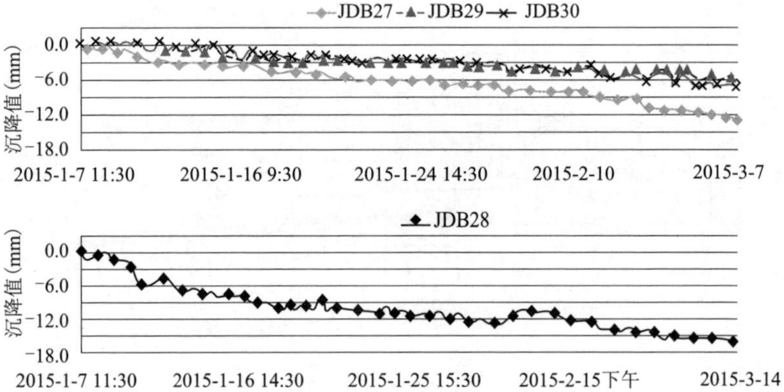

图 7.3－1　壮丽商厦周边沉降监测结果

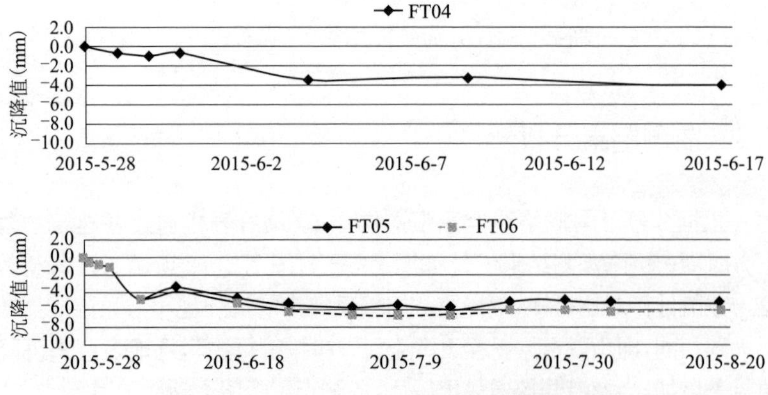

图 7.3－2　西丽街道办周边沉降监测结果

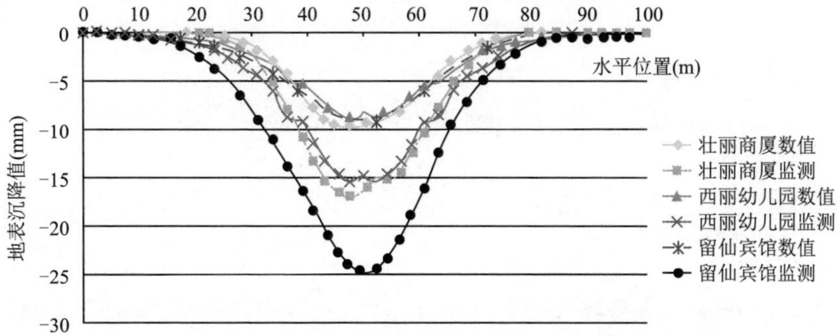

图 7.3-3　隧道正穿三栋建筑物时地表沉降曲线对比

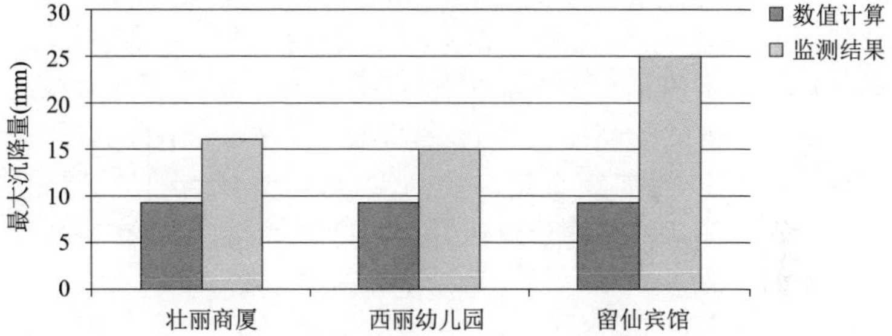

图 7.3-4　隧道正穿三栋建筑时最大地表沉降量对比

第8章　截桩施工受力体系转换分析

8.1　截桩受力分析

深圳地铁5号线和7号线的联络线正下穿西丽幼儿园区2层框架结构，其基础为ϕ480沉管灌注桩，桩顶6 m为配筋段，桩基侵入隧道约3～5 m。因联络线所处地层围岩软弱，为保证隧道快速安全通过该区段，并尽可能减少开挖对建筑物的影响，需对侵入隧道范围的桩基进行截桩托换处理。根据设计资料，采用专业分析软件Phase建立桩基托换二维计算模型，对隧道下穿群桩受力体系的转换过程进行分析。模型尺寸为60 m×30 m，边界采用位移约束，即两端进行水平约束，底面采用竖向约束，房屋及其基础进行简化处理，建立一榀框架结构，桩基侵入隧道长度为3 m，每层楼板施加竖向均布压力为70 kN/m。其计算模型和施工步骤如图8.1-1所示。

提取计算步骤中结构体系的内力结果如图8.1-2～图8.1-4所示。在初始应力阶段，房屋结构的轴力分布为房屋柱和桩基础具有正值的轴力，即结构受压应力，房屋梁板具有负值的轴力，即该处受拉应力，轴力最大值为839.63 kN，发生在两侧的桩基础下部，轴力最小值为－152.31 kN，发生在底层梁板截面；地层加固时桩基础轴力增大为874.47 kN，由于上拱力的作用，房屋梁板所受拉力有所减少；开挖上台阶后，由于开挖断面的应力释放，类似于土体卸荷的作用使得开挖上方土体具有向洞内挤入的趋势，致使整个结构体系的受力增大，同时侵入隧道部分的桩基础失去周边围岩的支撑作用，其端部轴力明显增加；在下台阶开挖后，由于底部失去围岩的支撑加上衬砌封闭成环，侵入隧道内的桩基础轴力迅速降至最小，且受力向衬砌结构转移，使得衬砌轴力显著增加，在施作第一层二次衬砌、截桩以及施作第二层二次衬砌阶段结构受力变化较小。

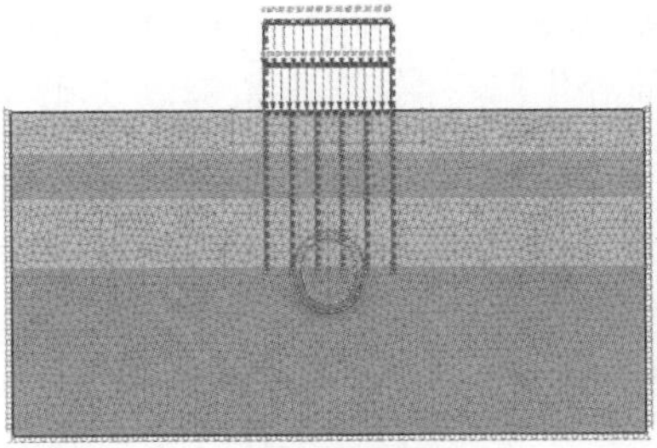

(a)初始地应力

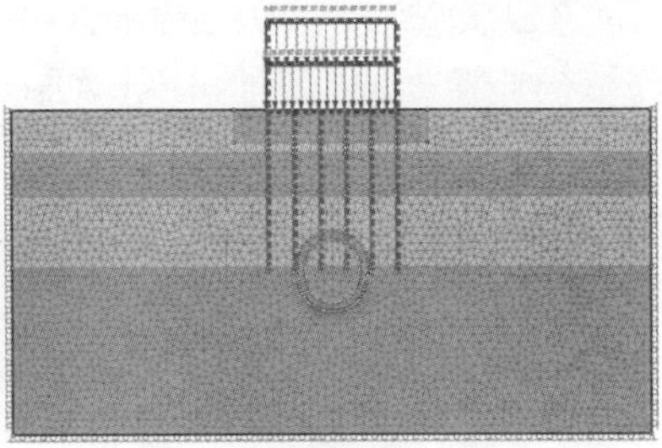

(b)地层加固

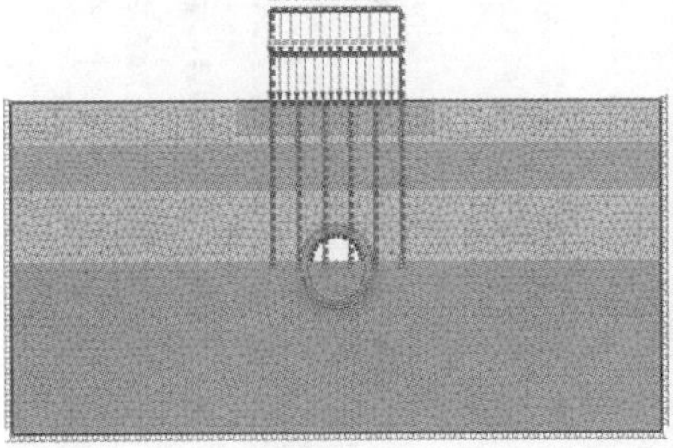

(c)开挖并支护上台阶

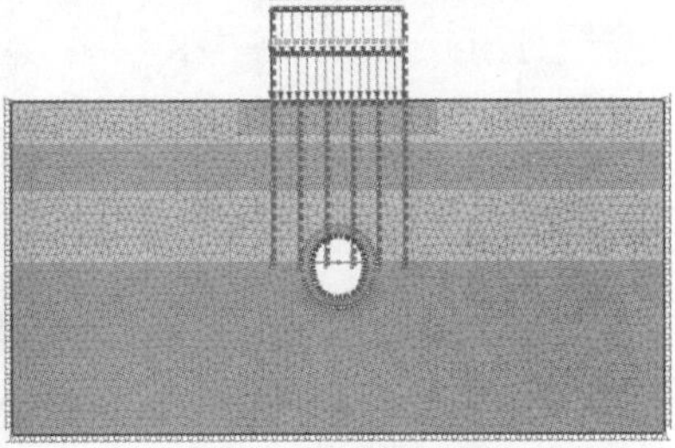

(d)开挖并支护下台阶

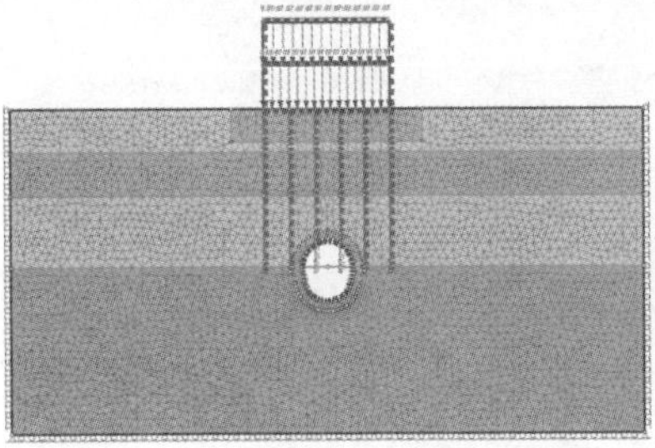

(e)施加第一层二衬

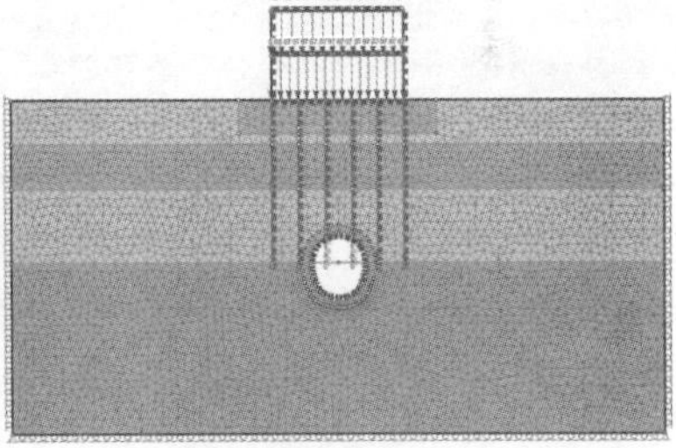

(f)截桩并施加第二层二衬

图 8.1-1　桩基截桩托换计算步骤

如图 8.1-3 所示,在初始应力阶段,整个结构体系的弯矩主要分布在房屋上部结构,其中最大正弯矩发生在第二层梁板的端部,弯矩值为 537.93 kN·m,最大负弯矩发生在第二层梁板的中部,弯矩值为−535.69 kN·m;在地层加固阶段,由于加固作用,使得加固地层一定范围土体有向上拱的趋势,因此房屋端部弯矩稍有增加,而中部弯矩少量减少；当隧道开挖初支完成后，侵入隧道内的桩基础与衬砌结构连接处的弯矩值有所增加，而施作第一层二衬、截桩以及施作第二层二衬阶段弯矩变化不明显。

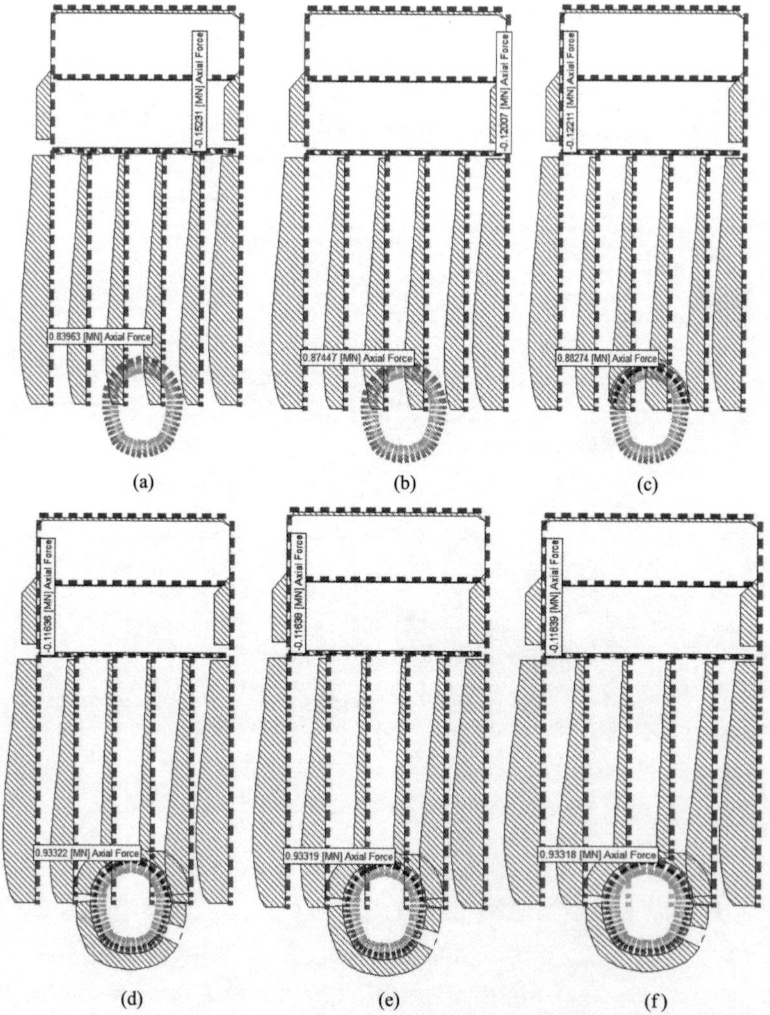

图 8.1－2　各施工步骤结构轴力分布情况

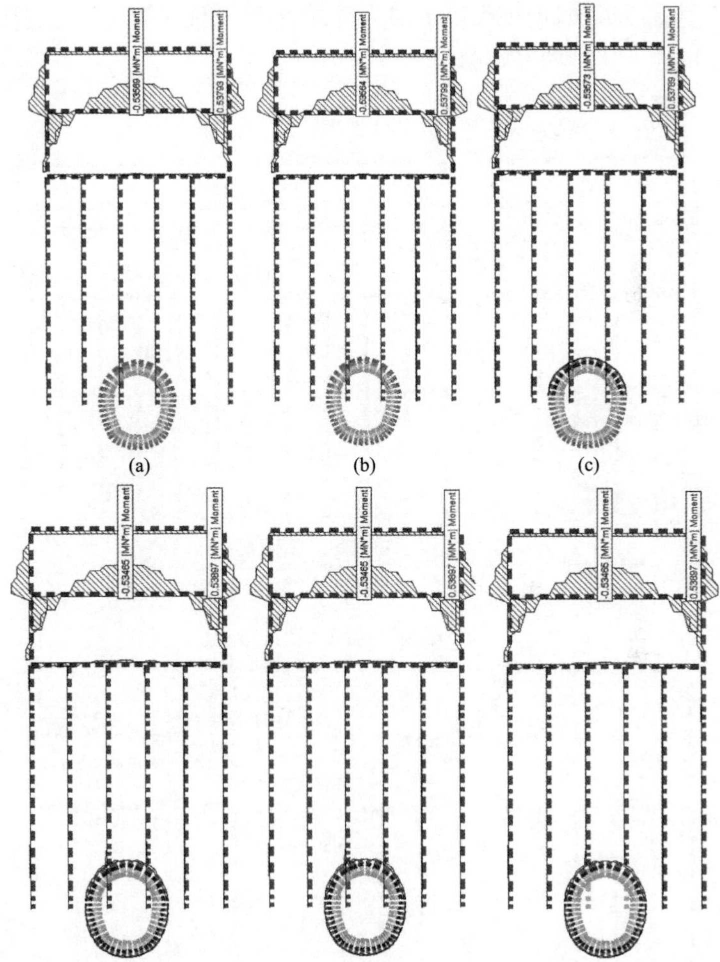

图 8.1－3　各施工步骤结构弯矩分布情况

图 8.1－4 为各施工步骤中结构的剪力分布情况，与弯矩情况相似，在初始应力阶段，整个结构体系的剪力主要分布在房屋上部结构，其最大正剪力发生在第二层梁板的端部，剪力值为 837.69 kN；当隧道开挖初支完成后，侵入隧道内的桩基础与衬砌结构连接处的

剪力值有所增加，而施作第一层二衬、截桩以及施作第二层二衬阶段剪力情况变化不明显。

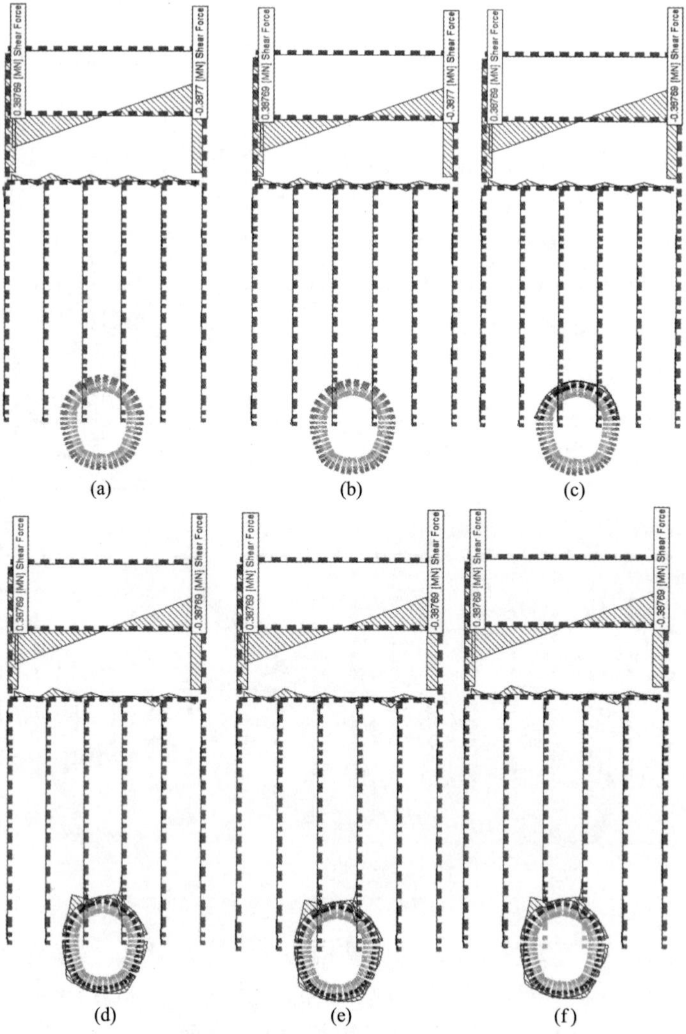

图 8.1-4　各施工步骤结构剪力分布情况

由上述分析可知，在整个隧道开挖截桩托换过程中，隧道内土体开挖支护结构封闭成环阶段整体体系受力转换明显，该阶段原本桩基础受力作用向隧道支护结构转移，由开挖露出的桩基础退出受力体系，在施加二次衬砌和截桩过程中体系受力变化较为稳定。因此，在实际施工过程中应加强超前支护，为隧道开挖提供良好的基础，在开挖过程中应适当增加临时支护设施，保证受力体系转换安全过渡，同时在截桩时虽有衬砌的支护作用，但应注意截桩过程的施工工序，尽量避免截桩过程对整个受力体系的扰动。

8.2　截桩施工技术

根据原设计资料，联络线隧道穿过西丽幼儿园段采用冻结法加固后进行截桩托换，如图 8.2－1 所示，其具体步骤包括：

(1)采用台阶法开挖正洞隧道，施工超前支护、初支布置须避让建筑物桩基。

(2)施作第一层二衬，凿毛与二衬相交处桩基混凝土，并将桩基与二衬浇筑在一起，二衬钢筋锚入桩基中，第一层二衬承担全部桩基传递下来的力，待第一层模筑混凝土衬砌达到设计强度后，凿除隧道衬砌内桩基础。

(3)施作防水层，浇筑第二次模筑衬砌，完成隧道施工。

联络线开挖施工过程中，在掌子面里程桩号 LIDK0＋297.9 左侧 2.49 m 处发现一根西丽幼儿园房屋的钻孔桩，桩基直径为 480 mm，其伸入隧道 2.0 m，未入岩，现场及施工情况如图 8.2－2 和图 8.2－3 所示。截桩过程中，洞内和地面均有在进行同步监测，根据监测数据反映，截桩当日沉降变形最大 2 mm，一周内无变化，截桩地面沉降、建筑物沉降等均稳定。

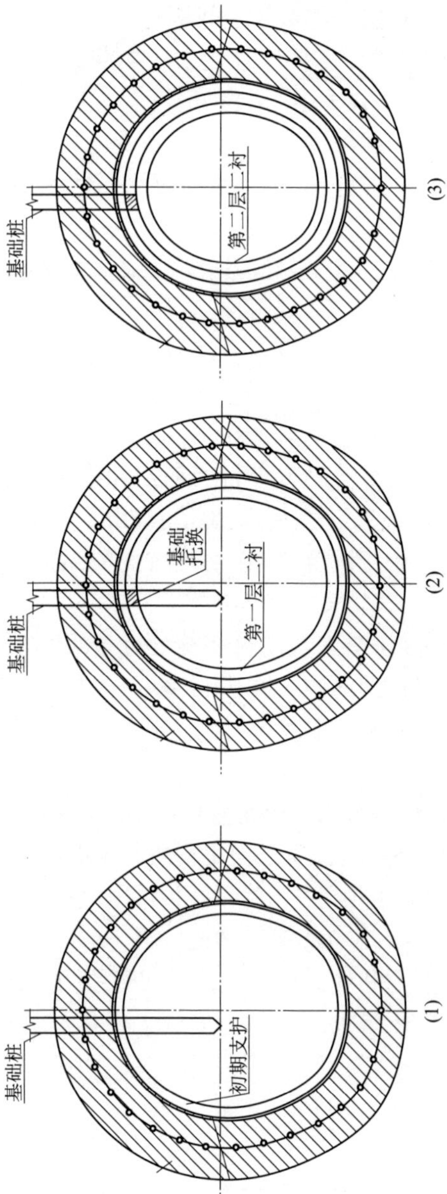

图 8.2－1　截桩托换施工示意图

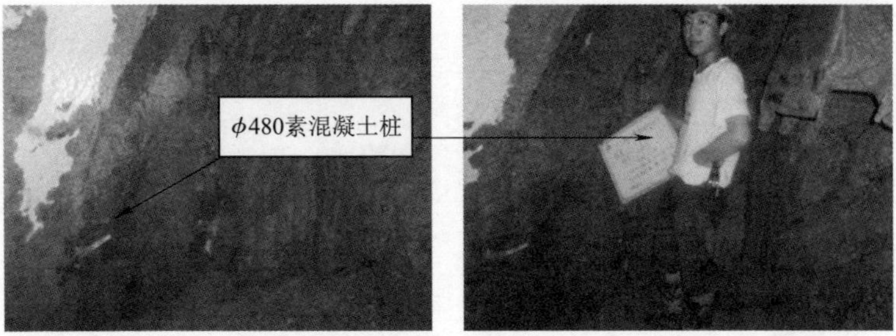

图 8.2－2　LIDK0＋297.9 处桩基

图 8.2－3　采用型钢拱架进行桩基支撑

结　论

本书针对深圳地铁 7 号线与 5 号线的联络线工程下穿建筑复杂环境条件以及富水软弱地层，通过资料调研、理论分析、数值模拟等手段，对富水软弱地层隧道施工中地层加固止水技术、联络线矿山法施工对地表建筑的影响、联络线与既有线路连接段施工力学行为以及施工监测技术等方面进行分析研究，结论如下：

（1）在富水软弱地层加固处理技术中，水平旋喷桩加固技术和冻结法加固技术等均具有一定的适应性，通过 7 号线与 5 号线的联络线水平旋喷桩试验表明，在拱部 180°范围内旋喷桩成桩咬合明显，并能形成拱部支撑面，掌子面注浆相结合加固止水效果良好。

（2）当隧道在富水软弱地层中施工正穿建筑物时，无论是穿过建筑物的中部还是一侧，隧道开挖引起的地表沉降量比较大，已接近控制值。虽然沉降差与倾斜值都在规范要求范围内，但隧道开挖引起结构应力增量偏大，应采取一定的安全控制措施。

（3）进行了掌子面全断面注浆和地表土层加固后隧道正穿房屋数值模拟分析，结果表明地表加固深度为 1 m、2 m、3 m 和 4 m 时，地表沉降、房屋变形以及由开挖引起的房屋应力增量分别降低 14%～30%、25%～45%、49%～70%和 50%～75%，建议施工时地表土层加固深度取为 3 m。

（4）进行了联络线下穿不同类型房屋爆破施工动力响应研究，结果表明：在隧道拱顶和拱底处竖向振速较大，而拱腰处水平振速较大，两侧拱肩和拱脚处的振速主要以水平方向为主，其最大振速小于拱顶和拱底；当楼层较高时，绝大部分结构竖向振速较大，且随着层数增加呈现出明显的放大效应；当建筑楼层较低时，三个方向振速也大致相当；爆破荷载峰值控制在 0.25 MPa，最大装药量为 1.20 kg。

(5)针对不同交叉角度下联络线施工对既有线路的受力和变形影响研究结果表明：联络线修建会使联络线与既有结构连接处出现应力集中以及变形增大的现象，锐角侧应力集中和变形明显大于交叉另一侧；在交叉处拱底出现拉应力最大值，在拱腰处出现压应力最大值；交叉角度越小，隧道衬砌结构应力集中现象与变形越明显，更需要进行加固措施。

(6)在采用偏洞法对联络线与既有线路进行贯通施工过程中，当主洞岩体完全开挖后，中墙受力急剧增大，由于施工工序复杂，临时支撑的架设与拆除使得结构受力转换明显，部分结构出现弯矩反向的情况，在施工中应对围岩和既有衬砌进行加固处理。

(7)研究了联络线隧道下穿桩基截桩受力体系转换机理，在整个隧道开挖截桩过程中，截断的桩基退出受力体系，原本该段基础受力向隧道支护结构转移，支护结构封闭成环阶段体系受力转换明显，并建立了下穿桩基截桩技术。

(8)通过 7 号线与 5 号线的联络线富水软弱地层水平旋喷桩试验表明，在拱部 180°范围内旋喷桩成桩咬合明显，加固止水效果良好，并能形成拱部支撑，安全完成了富水软弱地层地铁联络线隧道施工任务，验证了采用水平旋喷桩全断面加固富水软弱地层而代替冻结法施工 7 号线与 5 号线的联络线隧道是可行的，值得推广应用。

参考文献

[1] 阳军生，刘宝琛．城市隧道施工引起的地表移动及变形[M]．北京：中国铁道出版社，2002.

[2] Martos F. Concerning an approximate equeation of subsidence trough and its time factors [C]// Proc. of the International Strata Control Comtrol Congress. Leizig，1958.

[3] Peck R B. Deep excavations and tunneling in soft ground [C]//Proc. 7th International Conference on Soil Mechanics and Foundation Engineering. Mexico City，1969：225-290.

[4] Attewell P B，Yeates Jand Selby A R. Soil movement induced by tunneling and the effects on pipelines and structures [M]. London：Blackie and son，1986.

[5] Reilly M P O，New B M. Settlements above tunnels in the UK-their magnitude and prediction [C]// Tunnelling 82. 1982：173-181.

[6] New Barry M，Reilly M P O. Tunneling induced ground movement：predicting the magnitude and effects[C]//Proc. 4th International Conference on Ground Movements and Structures. London：Pentech Press，1992：671-697.

[7] Kimura T，Mair R J. Centrifugal testing of model tunnels in soft clay [C]// Proc. of International Conference Soil Mechanics & Foundation Engineering. Stockholm：Balkema，1981.

[8] Fujita K. Prediction of surface settlements caused by shield tunneling[C]//Proc. of International Conference on Soil Mechanics. Mexico City，1982：239-246.

[9] Nomoto T，Mori H，Matsumoto M. Overview of ground movement during shield tunneling：A survey on Japanese shield tunneling [C]// Proc. Underground Construction in Soft Ground. Rotterdam：Balkema，1995：345-351.

[10] 侯学渊，廖少明．盾构隧道沉降预估[J]．地下工程与隧道，1993(4)：24-32.

[11] Litwiniszyn J. Fundamental principles of the mechanics of stochastic medium [C]// Proc. of 3rd Conf. Theo. Appl. Mech. Bongalore, 1957.

[12] 刘宝琛，张家生. 近地表开挖引起的地表沉降的随机介质方法[J]. 岩石力学与工程学报，1995，14(4)：289-296.

[13] 刘建航，侯学渊. 盾构法隧道[M]. 北京：中国铁道出版社，1991.

[14] Mroueh H，Shahrour I. A full 3-D finite element analysis of tunneling-adjacent structures interaction[J]. Computers and Geotechnics，2003，30(3)：245-253.

[15] Jenck O，Dias D. 3D-finite difference analysis of the interaction between concrete building and shallow tunneling[J]. Géotechnique，2004，54(8)：519-528.

[16] Chen LT，Poulos H G，Loganathan N. Pile response caused by tunneling [J]. Journal of Geotechnical & Geoenvironmental Engineering，1999，125(3)：207-215.

[17] Chungsik Y，Jae-Hoon K. A web-based tunneling-induced building utility damage assessment system: TURISK [J]. Tunneling and Underground Space Technology，2003，18(5)：497-511.

[18] Richard J Finno，Frank T，et al. Evaluating damage potential in buildings affected by excavations [J]. Journal of Geotechnical and Geoenvironmental Engneering，2005，131(10)：1199-1210.

[19] 施成华，彭立敏，刘宝琛. 浅埋隧道开挖对地表建筑物的影响[J]. 岩石力学与工程学报，2004，23(19)：3310-3316.

[20] 杨海朋. 施工过程中浅埋隧道自身性状及上部建筑物沉降变形的数值分析[D]. 长沙：湖南大学，2007.

[21] 俞凯. 城市地铁隧道施工沉降对邻近建筑的影响研究[D]. 成都：西南交通大学，2008.

[22] 郭军. 地铁隧道开挖诱发的地表沉降对邻近建筑结构的影响研究[D]. 北京：北京工业大学，2005.

[23] 刘海燕. 隧道开挖对地面建筑结构的影响研究[D]. 淮南：安徽理工大学，2005.

[24] 滕红军. 城市隧道穿越地面建筑物的安全风险控制[D]. 北京：北京交通大学，2007.

[25] 赵以贤. 爆炸载荷作用下地下拱形结构应力分析[J]. 南京理工大学学报，1995，19(6)：561-564.

[26] 谭忠盛，杨小林，王梦恕. 复线隧道施工爆破对既有隧道的影响分析[J]. 岩石力学与工程学报，2003，22(2)：281-285.

[27] 刘国华，王振宇. 爆破荷载作用下隧道的动态响应与抗爆分析[J]. 浙江大学学报(工学版)，2004，38(2)：204-209.

[28] 毕继红，钟建辉. 邻近隧道爆破震动对既有隧道影响的研究[J]. 工程爆破，2004，10(4)：69-73.

[29] 彭道富，李忠献，杨年华. 近距离爆破对既有隧道的振动影响[J]. 中国铁道科学，2005，26(4)：73-76.

[30] 刘世波，翟永昌，杨年华. 隧道与路基爆破振动的检测评价[J]. 铁道建筑，2006(12)：63-65.

[31] 陈泽观，林从谋. 新爆破安全判据下房屋安全的监测与控制[J]. 西部探矿工程，2006(12)：194-196.

[32] 付士根，许开立. 爆破振动效应预报及减震措施[J]. 中国安全生产科学技术，2006，2(6)：45-48.

[33] 亨利奇 J. 爆炸动力学及其应用[M]. 熊建国，等，译. 北京：科学出版社，1987.

[34] 贾昆. 公路隧道掘进爆破的现场监测与数值模拟研究[D]. 重庆：重庆交通大学，2007.

[35] 顾宏伟. 岩土工程爆破地震效应的环境危害与控制研究[D]. 重庆：重庆后勤工程学院，2007.